FRESCA UNCIÓN EL SECRETO DE LOS ACEITES

Autor:
Profeta León

DEDICATORIA

_____
_____
_____
_____
_____
_____
_____
_____
_____
_____
_____
_____
_____

LUGAR: _____

FECHA: _____

_____

FIRMA AUTOR

**Fresca Unción
El Secreto de los Aceites**

• Copyright© 2024

**• Autor: Jorge Mercedes
(Profeta León)**

• Diseño de carátula, diseño interior y diagramación: Nicolas Ruiz (LLAMAEL)

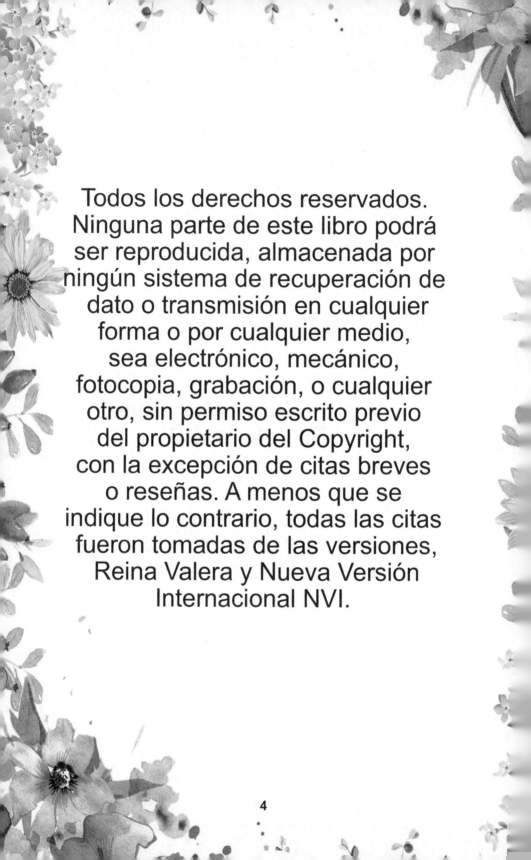

• Publicado por:
Open Book Publicaciones.

• Estados Unidos.
• E_ mail:
openbookpublicaciones@gmail.com

• 3ª Edición, Agosto, 2024.

Categoría: Liderazgo Cristiano

Printed in Colombia.

DEDICO A...

A la persona del Espíritu Santo,
la única razón de mi existencia.

ÍNDICE

PRÓLOGO

Es un honor presentarles mi tercer libro, al cual he dedicado con profundo amor y devoción a explorar el poder espiritual de los aceites según las enseñanzas de la Biblia y el Espíritu Santo.

Desde mi experiencia como Profeta y estudioso de las Sagradas Escrituras, he sido testigo del impacto transformador que estos aceites pueden tener en nuestras vidas cuando se utilizan con fe y entendimiento.

En estas páginas, nos sumergiremos en relatos antiguos que revelan cómo nuestros ancestros, guiados por la sabiduría divina, emplearon los aceites para consagrar lugares santos, ungir a los líderes elegidos por Dios y buscar sanación espiritual y física a través de historias poderosas y lecciones profundas, aprenderemos cómo este simple acto de ungir no solo bendice y protege, sino que también establece una conexión tangible con lo divino.

En el corazón de este libro yace el deseo de compartir conocimientos prácticos y espirituales.

Descubrirán cómo ungir su hogar para llenarlo de paz y protección, cómo consagrar su negocio para prosperidad y éxito, y cómo bendecir a su familia con amor y unidad.

Cada capítulo está diseñado no solo para impartir información, sino para inspirar una experiencia espiritual que transforme la manera en que vemos y usamos los recursos que da el Creador.

Es mi ferviente deseo que estas páginas no sólo informen, sino que también aviven el fuego de la fe y el amor por Dios en sus corazones.

Que al explorar estas antiguas prácticas de ungir con aceites sagrados, encuentren un camino hacia una vida más plena y conectada con lo divino.

Que este libro sea una bendición para todos los que lo lean, y que cada palabra escrita sea guiada por la luz eterna que emana de lo alto.

Con amor y gratitud,

Profeta León

INTRODUCCIÓN

Durante 25 años de ministerio he
visto a Dios manifestar su gloria en
mi vida, ahora la gloria que he visto
ha sido manifestada a través
de portales.

El aceite es uno de estos portales,
ya que el aceite es un instrumento de
Dios, para manifestar su gloria, en la
dimensión de lo profético.

Por este motivo escribiré este
manual de instrucción,
para equipar los hijos del reino
de Dios y de la Luz con en este
conocimiento profético.

Todo lo que se hace desde la fe
y lo profético no tiene una ley
contraria ya que es una actitud
de fe, hago esta aclaración porque
es posible que usted se encuentre
personas que le digan:

"Eso no es de Dios"

Pero yo puedo afirmar que todo lo que opera en la dimensión de la fe se sale de la demarcación de las leyes de las religiones y el humanismo.

En los últimos cinco años de mi vida la he dedicado a caminar por las sendas desconocidas por muchos acerca del Padre y en este he descubierto diferentes secretos del uso los aceites y los símbolos proféticos, es por eso, que he comprendido la importancia de impartir el conocimiento adquirido de Dios a esta generación.

Cada aceite tiene una jurisdicción depositada por Dios manifestar un propósito a través de cada aceite, cabe resaltar que estos solo son símbolos proféticos y que es el mismo Dios quien manifestó su gloria y propósito a través de los aceites y las demás herramientas que nos da.

Capítulo 1

Las Dimensiones Proféticas de los Aceites.

Desde los días de los patriarcas, Dios había depositado este conocimiento en estos hombres que fueron marcados para convertirse en los Padres de la fe, en los maestros de las siguientes generaciones y en hombres de grandes propósitos.

Fue a ellos que Dios le entregó la asignación para que se consagre a través de ungir con aceite lo que en un futuro sería parte del reino de Dios en las naciones.

Hombres como Abraham, Issac y Jacob. Ellos trazaron este camino.

De modo que en Israel esta fue una cultura que ha estado con ellos y con los hombres de Dios hasta el Día de hoy.

La palabra aceite significa en hebreo "shemen" que significa: "Lo sagrado"

Como podemos ver en **Éxodo 25:6**. Donde la palabra de Dios dice:

"...Aceite para el alumbrado, especias para el aceite de la unción y para el incienso aromático..."

Desde entonces el tabernáculo fue ungido con el aceite de la unción y este se convirtió en el combustible que conducía de manera simbólica la gloria de Dios a través del tabernáculo.

Desde entonces todo lo que ha sido ungido, también ha sido consagrado para Dios, esto con el fin de ser de uso exclusivo de Dios.

Quiero poner en contexto los días de la reina Ester. Los judíos fueron llevados cautivos, por los babilónicos,

estos vivieron más de 70 años
en el exilio de Babilonia.

La Biblia dice en **Ester 2:12:**

*"… Y cuando llegaba el tiempo de
cada una de las doncellas para
venir al rey Asuero, después de
haber estado doce meses
conforme a la ley acerca de las
mujeres, pues así se cumplía el
tiempo de sus atavíos, esto es,
seis meses con óleo de mirra y seis
meses con perfumes aromáticos
y afeites de mujeres,…"*

Era costumbre que las mujeres de
los reyes fueran preparadas con
aceites y esencias aromáticas.
Desde entonces este proceso en
Ester activó dimensiones de la
gracia, cada proceso de
ungimiento conectaba más a
Ester a las dimensiones de
la gracia de Dios.

¿Qué significa gracia?

Esta viene de la palabra Jaris, qué significa influencia divina sobre el corazón, cuando Ester estaba siendo ungida su corazón estaba siendo preparado para manifestar la gracia de Dios.

Cuando somos ungido es porque nuestro corazón ha sido apartado para Dios, la gracia es un portal que nos lleva a diferentes dimensiones de la espiritualidad como las siguientes:

La meditación: Cuando Ester fue puesta por reina, ya que apareció el que persigue los ungidos de Dios. Es entonces cuando ella tuvo que conectar con el nivel de la meditación.

Si hemos sido ungidos tenemos que preguntarnos:

¿Para qué fuimos ungidos?

En el caso de Ester Dios le ungió para depositar su gracia y por medio de esta salvar a su pueblo.

Hay dos niveles de meditación.

1. La encontramos en Josué, cuando este fue ungido para introducir el pueblo de Dios en la tierra prometida Dios le dijo en **Josué 1:8-10:**

"... Medita día y noche el libro de esta ley teniéndolo siempre en tus labios; si obras en todo conforme a lo que se prescribe en él, prosperarás y tendrás éxito en todo cuanto emprendas. Te he mandado que seas fuerte y valiente. No tengas, pues, miedo ni te acobardes, porque el Señor tu Dios estará contigo dondequiera que vayas...."

Este siguiente nivel se llama devoción:

Es aquí que el ungido debe de poner los pensamientos de Dios en su mente.

Ester fue llevada primero al nivel de meditación y ella entró en un ayuno conocido como el ayuno de Ester.

2. La meditación ante el rey, en este nivel encontramos a Nehemías, este se presentó ante el rey en los días que Jerusalén su ciudad estaba destruida, este nivel de meditación es nuestra conexión con el rey de reyes y Señor de Señores.

Tanto Nehemías como Ester, elevaron su Espíritu, para encontrar la gracia del rey luego de ser ungidos por medio de estos niveles de meditación.

El libro de Isaías nos habla del rey que fue ungido para unir dos realidades.

¿Cuáles son estas dos realidades?

La del lado derecho, que es el lugar del Padre, donde esta la luz y desde donde el Padre se manifiesta y la del lado izquierdo, que es el de la oscuridad donde está todo lo que está separado de Dios.

Las dimensiones proféticas del ungido de Dios.

La Biblia dice en **Isaías 61: 1 al 4.**

"...El Espíritu de Jehová el Señor está sobre mí, porque me ungió Jehová; me ha enviado a predicar buenas nuevas a los abatidos, a vendar a los quebrantados de corazón, a publicar libertad a los

cautivos, y a los presos apertura de la cárcel; a proclamar el año de la buena voluntad de Jehová, y el día de venganza del Dios nuestro; a consolar a todos los enlutados; a ordenar que a los afligidos de Sion se les dé gloria en lugar de ceniza, óleo de gozo en lugar de luto, manto de alegría en lugar del Espíritu angustiado; y serán llamados árboles de justicia, plantío de Jehová, para gloria suya.

Reedificarán las ruinas antiguas, y levantarán los asolamientos primeros, y restaurarán las ciudades arruinadas, los escombros de muchas generaciones…"

Aquí Jesús manifestó las diferentes dimensiones de los ungidos de Dios.

1. Jesús fue ungido por el Espíritu del Señor, hay quienes han sido ungidos por el hombre, estos no tienen legalidad para manifestar las dimensiones proféticas a las que estamos llamados a alcanzar y manifestar.

2. La dimensión de la asignación, todo el que es ungido, es porque Dios le ha dado una tarea, David fue ungido para ser rey, Moisés para ser el libertador y Cristo para ser el salvador del mundo y manifestar el reino de Dios.

3. La dimensión del sanador, el ungido opera en la dimensión de sanador, redentor y libertador de cautiverio.

4. La unción de liberación, con esta el ungido echa fuera demonios, sana los enfermos y saca de la

cárcel aquellos que están bajo la opresión y el cautiverio de Satanás.

5. Restauración, las ruinas, antiguas se refieren a la liberación de maldiciones generacionales.

Los aceites y las dimensiones proféticas son una herramienta para la manifestación de todas estas dimensiones proféticas.

Capítulo 2

Los Elementos Proféticos y los Aceites

Tenemos una apertura profética, por lo que como Profeta, quiero recomendarle a cada uno de ustedes que aprovechen al máximo todo lo que Dios está a punto de depositar en cada uno de ustedes, sé que tenemos una cita con la eternidad así que aprovechemos al máximo el tiempo en esta tierra para extender el evangelio y ayudar a nuestros hermanos que siguen dormidos y en la oscuridad.

Hay algo que debemos comprender en estos últimos tiempos, el uso de los elementos proféticos y los aceites es muy esencial, esto va a hacer que cada uno de nosotros marque la diferencia en la batalla espiritual que se libra a diario.

Cuando yo hablo de la habilitación de lo profético, estoy hablando de cómo empezó la reconexión de Dios con el hombre luego que por el pecado Adán cayó de la cuarta dimensión a la tercera dimensión.

Esta es la dimensión del tiempo, de la lógica, de la mente humana, la dimensión del sufrimiento, de los lamentos y la desconexión del hombre con Dios.

El hombre estaba en la plenitud del Espíritu en el gozo de la creación de Dios, pero este cayó a donde estamos limitados por la lógica y bajo el dominio de la razón humana.

Cuando lo profético se manifiesta podemos entender el plan de Dios. En la cuarta dimensión donde estaba Adán, por lo tanto para que podamos entender e implementar a profundidad todo acerca de las dimensiones y uso de los aceites, primero es necesario que seamos divorciados del mundo natural, de la mente humana y del pensamiento lógico, para que luego nos podamos casar con el mundo espiritual y sobrenatural.

No podemos pensar habitar en las esferas superiores de conciencia, en una atmósfera de elevación siendo persona prisionera de la razón, de los sentidos, de la lógica y de la religión.

El mundo sobrenatural es antilógico, es irracional, no podemos llegar a Dios a través de los sentidos ya que la luz que emana de los sentidos no es suficiente para alcanzar este nivel de conciencia.Este es el camino y la senda que trasciende al mundo de los Espíritus elevados.

Para llegar a esta dimensión es necesario tener un mayor nivel de luz, solo así vamos a poder transitar a través de los estados elevados de consciencia, para que así podamos tener una mayor percepción de las cosas que se viven en lo sobrenatural.

Hay personas que tienen la capacidad de entrar a cierto estado de consciencia para abrir así diferentes senderos en el mundo de los Espíritus y sustraer información de la cuarta dimensión donde viven los Espíritus.

Estas personas reciben la impartición profética y tienen acceso al mundo sobrenatural.

Mis amados hermanos tal vez al leer este libro van a ser confrontados sus sentidos por el alto nivel de luz y revelación.

Sus conocimientos serán confrontados en este nivel de luz.

Para entender este libro es necesario pedirle al Padre que te dote de una mente y un Espíritu superior.

La Biblia nos muestra la forma en que debemos leer todo lo que llegue a nuestras manos: **1 Tesalonicenses 5:21-23:**

"… Examinadlo todo; retened lo bueno. Absteneos de toda especie de mal…."

El Mesías nos dio el fruto de la enseñanza a través de la ofrenda del Padre.

Esta nos trajo el fruto de la enseñanza del hijo de Dios.

El fruto de cada hombre revela
la intención de su corazón.

De acuerdo con nuestro corazón
Dios revela la intención por la cual
estamos en este mundo.

Por esta razón hay hombres y
mujeres a los cuales sus oraciones,
ofrendas y sacrificios trascienden
los cielos, mientras que a otros
se les hace imposible y sus
oraciones, ofrendas y sacrificios
NO trascienden y se desvían
porque su corazón
está desviado.

El hombre necesita una
reparación del Espíritu de Dios,
con el fin de no terminar como Caín,
errante de su Creador.

Si estás hoy aquí leyendo este libro
acerca del uso de los aceites,
escudriñando sobre las

herramientas y los símbolos proféticos es porque vas a recibir del Padre eso, una herramienta, una pieza que te faltaba para poder llegar a la siguiente dimensión.

Esta enseñanza está diseñada para que todos alcancemos dicha dimensión profética.

Es nuestro llamado impactar el mundo espiritual, confrontar el reino de las tinieblas, desde una posición de guerra y confrontación espiritual.

Estamos aquí porque hemos sido puestos y elegidos por Dios, esta es nuestra zona de combate, este tiempo es nuestro territorio asignado por el Padre. Yo sé que hay algo que deseamos hacer en la dimensión de los Espíritus, pero hay algo que necesitamos recibir para entrar a dicha dimensión.

Necesitamos activar la comprensión espiritual del simbolismo, el poder que hay en este y como nos puede habilitar para caminar en los sobrenaturales.

Hay aquí un poder que nos habilita para recibir esta revelación en el Espíritu, y necesitamos habilitarlo para acceder a la dimensión de lo sobrenatural.

Este poder se recibe o se rechaza de acuerdo con el nivel de conciencia del creyente.

Este poder es el de caminar a través de lo simbólico, esto te permite convertirte en un puente de conexión hacia la cuarta dimensión.

Cuando Caín y Abel establecieron lo profético por medio del altar, la adoración y la ofrenda, faltaba mucho para que el Padre estableciera el puente determinativo a Yeshua, Jesús su hijo, pero inmediatamente luego de la caída del hombre Dios le enseñó Adán, este a sus hijos la conexión por medio de los profético y lo simbólico a la cuarta dimensión que el hombre perdió por el pecado, pero la manifestación del hijo de Dios vino a establecer el puente que nos une al Padre y a la cuarta dimensión para siempre.

Mientras el hombre viva en la sombra de su lógica, la ignorancia, y bajo el dominio de sus sentidos este puente para el estará deshabilitado, ya que, estos nos pueden conectar con la realidad superior, donde hay una guerra que constantemente se está librando.

Es imposible acceder a
estas dimensiones sin estar
conectado de la eternidad,
para esto se necesita volver a
habilitar el puente que te une a
Dios y su esfera sobrenatural
donde hay Ángeles, principados
y potestades.

Después que Adán pecó delante de
Dios dejó de recibir a través del
cordónumbilical la revelación sin
necesidad de un intermediario.
Por eso es necesario que usted sepa
que antes del pecado Adán y Dios
no eran dos seres diferentes,
sino uno solo, una misma mente,
un mismo pensamiento y una
sola dimensión.

Pero el pecado trajo una fractura,
una fragmentación que desconectó
su alma de la fuente primaria del
Padre y la cuarta dimensión
donde Dios lo estableció.

Desde entonces hacen falta los símbolos proféticos para la reconexión con el Padre y la cuarta dimensión donde somos uno con el Padre.

El hombre no necesitaba un Profeta para que le profetizara, no necesitaba orar ni ayunar para entrar en comunión con Dios, él estaba conectado a Dios, el microcosmos de abajo representado por Adán estaba conectado de manera constante y fusionado al con el Padre representado como el macro-cosmos de arriba, de lo que yo llamo:

"La Cuarta Dimensión"

Mis amados hermanos yo tuve
que estudiar todo esto para
comprender y entender porque
tuvieron que habilitar los símbolos
y los elementos proféticos,
esto para que el hombre otra vez
encontrara la forma de conectar
con el Creador.

Me imagino los hombres en los
tiempos antiguos que no tenían la
revelación, buscando la manera de
tener acceso a la dimensión
superior, me imagino el tránsito
espiritual con violencia, en un
lenguaje popular, me imagino los
guerrilleros espirituales queriendo
establecer sus métodos de conexión.

Si mis amados hermanos
habían pandilleros espirituales,
pero el portal estaba roto,
no había acceso,
no había conexión.

Esta era ya la frontera de los Espíritus, estaban desautorizados, para que el hombre volviera a tener conexión, para que fuéramos nuevamente calificados, fue necesario que viniera Jesús, para que cada oración le llegara a Dios, pero antes de ÉL entonces tuvo que venir el lenguaje de los símbolos y el lenguaje de lo profético.

Dios habló con Moisés y le muestra la rotura fuera del tabernáculo, este fue la conexión profética y de símbolos, hasta que vino Jesucristo en semejanza de este y como la dimensión original de reconexión con el Padre. Pero entonces el hijo vino para hacer una jugada magistral para establecer el medio de conexión entre el cielo y la tierra, ahora este sirve como camino, como antes lo era el tabernáculo para acceder al Padre.

El problema es que necesitamos los ingredientes proféticos y simbólicos.

El tabernáculo necesitaba los elementos que eran el combustible que hacía la conexión y manifestaba la gloria del Padre.

"Usted puede tener las llantas, las puertas y demás partes esenciales de un carro, pero si no tiene la llave y el combustible, este no va a encender y no se va a mover"

El tabernáculo era el medio de conexión a través del cual la rotura de Edén tuvo solución por un tiempo, pero tenía que venir la solución total, para que ya el hombre no dependa de fuerzas naturales, sino que por medio de Jesucristo el hombre vuelva y se conecte con el Padre.

Vemos que cuando Jesús murió, el velo del tabernáculo se rompió en dos, este abrió un camino directo al Padre.

Ya el tabernáculo terrenal no sería más el portal, sino que ahora a través de Cristo, cualquier acto y símbolo a través del hijo nos llevará directo al Padre, sin ningún intermediario, toda la estructura del diseño del tabernáculo tenía que ver con el diseño simbólico que nos conecta al Padre. Este representaba los siete cielos, las siete nubes de gloria que visitaban el templo, estas nubes descendían con colores diferentes, en cada dimensión se manifestaba un color de la luz.

Pero esto es parte de otra historia que en su momento lo compartiré a más profundidad.

Fue a través de los altares,
a través del tabernáculo,
de sus símbolos y elementos
proféticos como empezó la
reconexión con el Creador y la
cuarta dimensión luego de
la caída del hombre.

Entonces con el tabernáculo
empezó a usarse conforme al arte
del perfumista el aceite de la santa
Unción, este no era cualquier
aceite, el texto dice Superior
ungüento, era de los mejores
extractos y especias.

Yo quiero que ustedes comprendan
que los perfumistas de Israel cada
uno era reconocido conforme a su
arte, cada uno tenía una especialidad
dada por Dios, en la casa del
perfumista estaba el arte,
el conocimiento revelado para
mezclar los aceites,
ungüento y especias.

Este sería dotado del arte y la revelación de hacer el perfume con la gloria de Dios.

Lo primero que quiero establecer aquí es, Dios los llamó para revelarles los códigos de hacer aceites de superior ungüento.

Hoy se les van a revelar los códigos proféticos necesarios, Dios ha traído este libro a sus manos, para recibir el arte de un superior Ungüento, no van a terminar este libro como lo empezaron, al final serán impartidos por el Padre y van a recibir una revelación que los conectará al diseño profético conforme al arte que Dios va a plasmar en sus vidas a través de esta enseñanza.

Dios les imparte la visión para que sean los perfumista de sus casas,

creo fielmente que si están
leyendo estas páginas ustedes
llevan por dentro el llamado,
la pasión y la conexión con este
diseño profético.

Creo que fueron, escogidos,
o escogidas por el Padre con
este llamado.

Lo que encontrarás en este libro es
una impartición para que cada uno
sea conectado a su llamado
conforme al el arte del
perfumista.

Aquí el arte de Dios está siendo
revelado, impartido y establecido
en cada una de sus vidas.

Qué de ahora en adelante cada
vez que caminen por el mundo va
a llevar con ustedes el perfume de
la gloria de Dios.

Ustedes van a poder descifrar los códigos del perfume hecho conforme a el arte que les entregó Dios como perfumistas.

La gente va a decir acerca de ustedes:

"¿Quién es este hombre, quién es está mujer de dónde vienen?"

Esto sucederá porque estamos entrando al nivel de la transición espiritual, mental y emocional para manifestar el diseño del hombre o la mujer que tiene la capacidad de volver a conectarse con Dios, con lo espiritual, con lo profético.

En cuanto a lo financiero Dios está abriendo portales de riquezas sin límites.

Estas dimensiones no son solo
para usted que lee este libro,
sino también para quienes están
cerca de ustedes.

Ahora Dios les estará convirtiendo
en la lámpara que en el
tabernáculo recibía el aceite de la
santa unción, no solo serán vasijas
vacías, ahora serán lámpara
encendida, y Dios será el aceite
que la prende.

El aceite es el símbolo más
poderoso el cual revela la gloria de
Dios, es el símbolo más sobrenatural,
el aceite es el medio de conexión
el cual representa el primer grado
de la sangre poderosa de Jesús,
la cual nos dio acceso a las
dimensiones que están más allá de
las regiones y la consciencia de los
cálculos humanos.

Estas son dimensiones que están más allá de la razón, a estas dimensiones tienen acceso aquellos que fueron llamados desde antes de la fundación del mundo, para ser diferentes en Dios, aquellos que comprenden que aunque estén atravesando por procesos difíciles ellos no son cualquier cosa, ellos son especiales para Dios.

Es para quienes entienden que tienen un llamado especial y sobrenatural del Padre, para quienes han llegado a la comprensión de que hace falta en este tiempo una reforma, un cambio, hay una generación que ha comprendido que la iglesia del tiempo presente tiene que ser cuestionada, activada y avivada conforme a su diseño profético.

Estos son los que están enfocados, a seguir hacia delante, son quienes provocan la manifestación del arte de lo que Dios a depositado en ellos.

Este arte nos lleva a mezclar diferentes aceites cuyo fin es construir un producto el cual pueda manifestar la gloria del tabernáculo de Dios.

En el tabernáculo el pueblo tenía comunicación con Dios a través de los símbolos.

Yo te voy a entregar en este Libro las coordenadas y el direccionamiento y revelación para operar en esta dimensión que hace conexión a través del aceite como un símbolo profético.

Primero, este aceite es la representación de la gloria de Dios. **Segundo**, este aceite es creado según el arte del perfumista.

Tercero, cada aceite es esencial, único y sin copia, no existe otro igual.

Cuarto, el aceite en el tabernáculo representaba lo que representa el combustible dentro de un vehículo, es decir, es lo que hace que encienda y funcione correctamente.

Quinto, Cada perfumista fue dotado por el mismo Dios de un don, una revelación y un conocimiento especial para el desarrollo de esta actividad, cada perfumista que salga después de leer este libro, Dios le va a revelar códigos superiores para el desarrollo de sus propios aceites. Por lo que sé que ustedes van a sacar un resultado sobrenatural de este libro, y si ustedes se están preguntando.

¿Y por qué razón Profeta León?

La respuesta es la siguiente, yo entiendo que ustedes representan la generación que traerá cambio en tiempo de crisis en muchas vidas, ustedes representa una generación que vino para enfrentar los vientos contrarios del enemigo.

Yo conozco muchos pastores que dan muchas palabras a su pueblo, pero no le dan herramientas para tener acceso a estos niveles que conectan a lo sobrenatural.

Es importante entender que no solamente estamos aquí para recibir la enseñanza, es determinante poner la enseñanza en práctica.

La unción aquí impartida tiene como fin llevarte a una conexión profética para que tengan logros espirituales para la gloria de Dios.

Como hombres y mujeres de Dios tenemos que pensar que la solución a nuestras guerras y problemas no está afuera de nosotros sino dentro de nosotros en el depósito de la gloria de Dios que hay en nuestro interior. Si este depósito no se ha manifestado es porque muchos se encuentran con bloqueos.

Este bloqueo se va a través de la activación de los siguientes principios.

Primero: ¿Cuál es tu propósito?

Deben saber cuál es el propósito por el cual fueron ungidos o ungidas, al rey David, lo ungieron

como rey, pero no le pusieron
la corona, en ese mismo momento.
¿Qué es más importante,
tener la corona de rey,
o tener la unción real?

Hay muchos reyes que no tienen
corona pero tienen la unción real,
hay hombres y mujeres de Dios que
donde ellos entran la gente sabe que
ellos portan la unción real y esta
habla por ellos, por lo que
la gente dice:

"Él o ella, tienen algo especial.

¿Qué será?"

Esto es la gracia de la unción real,
y este es el propósito por el
cual hemos sido ungidos.

Segundo: Cuando las dos manos se
unen para recibir la corona de la
unción real, la coronación de la

unción es el símbolo de la bendición a causa de la unción real y el precio del proceso que lleva a la coronación.

Lo que hace la unción real que moldea reyes y reinas.

Tercero: Ser conscientes de cuál es su propósito, porque fueron ungidos, tenemos que aprender a vivir por la palabra del propósito, la palabra y el proceso dicen que nos espera el trono, la unción te da funciones de rey, no hay un poder que afecte más tu vida, tu desarrollo y tu llamado, que recibir la unción real, después de recibir esta unción no se puede seguir hablando y actuando como un mendigo.

Esto puede afectar nuestro propósito negativamente, todo de acuerdo con lo que hables, se puede recibir la unción de la libertad y seguir hablando como un esclavo, esto significa que no eres consciente de tu propósito y porque ha sido ungido.

Si recibe la unción de libertad así tiene que hablar, tenemos que entender que nuestro lenguaje tiene que ir alineado a la unción que nos fue dada cuando fuimos ungidos.

Cuarto: ¿Cuál es el propósito de que sean ungidos?

¿Con qué propósito Samuel fue a la casa de Isaí?.

¿Cuál es el propósito de que el aceite sea derramado sobre mí?

En el principio anterior propuse darle un giro mental a tu vida.

¡Yo tengo que hablar conforme
a lo que yo soy proféticamente!
Cuando la palabra sale de la boca
de Dios ella no necesita esperar
el tiempo, inmediatamente Dios
habló acerca de los dones y las
herramientas que serían
entregadas a ustedes, ya es una
realidad, de modo que pueden
hablar, pensar y actuar como que
ya es una realidad.

Yo entiendo y he comprendido
que el tiempo es lugar donde
muchas cosas y muchos proyectos
mueren, pero la palabra que Dios
les entregó gravita en la eternidad.

Cuando yo tengo una palabra de
Dios esta pertenece a la eternidad,
pero para que yo pueda a través de
ella conectarme a la eternidad,
yo no puedo permitir que las
circunstancias me pongan límites.

¿Como así Profeta?

Si mis amados hermanos el entorno en el que habitamos está diseñado para limitarnos, este proyecta lo contrario a lo que ya Dios dijo acerca de nosotros.

Quiero que podamos entender que el propósito de ser ungidos es para moldear el lenguaje de lo que ustedes portan.

Quinto: Tienen la unción de lo que portan en Dios, cuando son ungidos está activa en ustedes la unción de su propósito, tenemos aquí que saber cuál fue la palabra que salió para nosotros de la boca de Dios, porque conforme a esta palabra es la unción.

Sexto: Cuál es su asignación, lo que Dios dijo para sus vidas eso el levantará en ustedes, aquí tenemos que vivir con claridad, la palabra que Dios mismo les entregó no es la idea de ningún Profeta, lo que ya dijo Dios no hace falta que venga un Profeta a decirlo la Biblia dice:

1 Pedro 1:29.
<<… *Mas vosotros sois linaje escogido, real sacerdocio, nación santa, pueblo adquirido por Dios, para que anunciéis las virtudes de aquel que os llamó de las tinieblas a su luz admirable…*>>

También la Biblia dice en **Isaías 61:3**

"...Ordenar que a los afligidos de Sion se les dé gloria en lugar de ceniza, óleo de gozo en lugar de luto, manto de alegría en lugar del Espíritu angustiado; y serán llamados árboles de justicia, plantío de Jehová, para gloria suya..."

Luego de saber todo lo que
la Biblia dice que somos le
voy hacer una pregunta:
¿Qué Profeta tiene que
venir a decirle lo que Dios
ya dijo que ustedes son?

Yo solo tengo que saber
que he sido ungido para aprender
a declarar el lenguaje de lo que yo
soy en Dios, más bien yo tengo
que preguntarme:

¿Cuál es la línea profética en la
que yo tengo que caminar?

¿Cuál es mi propósito en Dios?
Si yo tengo una línea sacerdotal,
tengo que moldear mi vida de
acuerdo con mí diseño profético
y caminar hacia mi coronación.

Siete: Lo que dijo la eternidad,
descubrir lo que la eternidad
dijo de ustedes por qué fueron

ungidos, les ayudará a descodificar
y anular el lenguaje de la derrota,
no pueden vivir conforme
a los pronósticos contrarios
del médico y de los problemas
económicos o sociales de la vida.

La palabra enseña que Dios
los escogió desde la eternidad,
desde antes de la fundación del
mundo, cuando ustedes entraron en
ese cuerpo físico, el sistema alteró
esa verdad, y nos engañó con
mentiras que nos alejaron de
nuestro llamado profético.

Nunca olviden que si están en este
plano terrenal antes de venir a
este mundo Dios los llamó,
los escogió y los santificó con
una finalidad. Ahora que saben esta
verdad es hora de vivir de acuerdo
con su llamado el que les fue
asignado desde la eternidad.

Aunque hayan sido traicionados, engañados, robados, heridos y cualquier otra cosa que les pasó en este mundo ahora ustedes tienen una verdad por la cual vivir, ya que fueron ungidos desde la eternidad.

Capítulo 3

Maduración de los Ministerios y las Herramientas Proféticas.

Estamos entrando en un tiempo clave para la maduración de los ministerios.

¿Ustedes comprenden que es la maduración de los Ministerios?

Es el tiempo señalado por Dios, vamos a encargarnos en esta temporada de manifestar niveles nuevos de gloria.

Cuando a un árbol se le dice que está maduro es porque ya está listo para manifestar los frutos.

Creo que Dios está levantando hombres y mujeres con la misión de usar las herramientas proféticas públicamente, técnicamente está establecido, que los enfermos son ungidos por los ancianos con aceite de Oliva.

De manera automática cuando nuestros ojos leen esta palabra:

"Ungir los enfermos con aceite"

Tenemos que buscar la parte sobrenatural de la expresión, ésta establece un detonante profético, el cual crea un enlace entre el enfermo y el aceite de Oliva.

Cuando estos dos se encuentran por lo establecido en la palabra viene una explosión profética, esto es como cuando dos poderes de energías opuestas se unen y entonces generan una energía de alta capacidad la cual necesita una disipación de esa energía ya sea en forma de ruido o calor, es igual cuando la expresión encuentra en esencia un enfermo, entonces este choque debe disipar o echar fuera la causa de la enfermedad.

Entonces el resultado de este
choque es la sanidad, esto
significa que detrás de este
elemento profético hay una
puerta que esconde el Espíritu
de la sanidad.

¿Cuál es la llave que abre
la puerta para la sanidad?

Esto lo acabo de decir, es el aceite
de Oliva, te estoy ordenando ungir
los enfermos con aceite de Oliva,
ya que este es el detonante para
abrir la puerta de la sanidad,
este es un mandato Bíblico.

Todo lo que tenía una conexión
con el tabernáculo tenía que ser
consagrado con el aceite.

¿Si en el tabernáculo,
todo era hermoso, de oro,
perfecto humanamente,
y extremadamente caro por su

construcción y su contextura
porque a pesar de todo lo antes
dicho necesitaba ser consagrado
a través de los aceites y
especies sagradas?

Ósea no importa lo bello,
o la hermosura del objeto si la
función que ejecuta este objeto
no conecta el objeto de la tercera
dimensión con la cuarta dimensión,
es decir, si no está ungido y
consagrado, no sirve de nada,
entonces la belleza y la hermosura
pasa a un segundo plano.

Estamos hablando de la revelación
de Dios, de cómo usar el método
para manifestar su presencia,
en los artefactos Santos, de los
cuales el mismo Dios diseñó a
los hombres con el fin de que su
misma creación sea el instrumento
para ordenarle:
"Ahora ungeme el lugar".

Pero no estaban los levitas aptos para el servicio si primero no eran ungidos con el aceite, no tenían función los sacerdotes si primero, ellos no eran ungidos con el aceite de la santa unción que los consagra y los habilitaba para su servicio, no eran aptos los reyes si primero no eran ungidos con el aceite que los habilitaba, el aceite es como la oficina donde Dios firma un contrato de expansión, multiplicación y manifestación continua.

Nadie podía ejercer, nadie podía multiplicar el ministerio si primero no era ungido, entonces podemos ver que el aceite era la frontera entre el Creador y la creación.

Quiero establecer como primer principio en esta enseñanza que el aceite es un símbolo, una herramienta de conexión, el aceite de ungir es un símbolo profético, para que seamos conectados a lo sobrenatural de Dios, las leyes espirituales responden a los movimientos espirituales en la tercera dimensión, estos crean reacciones en la cuarta dimensión, por ejemplo:

Yo dije que el uso de elementos físicos es determinante para la manifestación de cosas espirituales.

Por ejemplo cuando Samuel fue a ungir a David para que fuera Rey, éste primero recibió la unción del trono, y luego fue establecido rey.

En el ungimiento, le fueron habilitados a David el poder y la autoridad del reino, pero primero tuvo que conquistarlo a través del proceso.

Pero cuando fue ungido fue cuando lo recibió, de modo que cuando Samuel estaba vaciando sobre David el cuerno de aceite lo estaba habilitando con la unción para ser rey, para matar a Goliat y para darle muchas victorias al pueblo de Dios ante sus enemigos.

El derramamiento del aceite es la activación en el ungido de la información profética y codificada de todo lo que vamos a manifestar en el desarrollo del ministerio, es donde Dios deposita de manera sobrenatural lo que vamos a ver manifiesto en el llamado de Dios, en la acción diaria del ministerio.

Entonces tengo que preguntar.

¿Dónde están los que desean ser ungidos por Samuel para luego manifestar su propósito?

En la casa de Isaí había muchos hombres pero ninguno tenía la unción profética depositada, fue por eso por lo que Samuel no ungió a ninguno, hasta encontrar al que tenía la información, los códigos divinos y proféticos por dentro, fue por eso que Samuel no encontró la revelación profética en ninguno de los otros hermanos de David que le fueron presentados.

Recuerde que en realidad Saúl nunca fue rey de Israel, hasta que se manifestara aquel que tenía los códigos proféticos del reino.

David tenía el depósito para ser rey, pero primero, tenía que ser ungido, procesado en el monte, estar detrás de las ovejas, ser formado en la humildad, ser el que adora en el monte,

Saúl era rey, hasta que el rey de verdad estuviera maduro y llegara su tiempo de reinar.

Saúl no era rey absoluto, el hombre la unción del aceite, el de la promesa, el hombre que portaba los códigos bíblicos, los códigos proféticos y el enlace con lo sobrenatural de Dios era David, Él fue ungido para hacer cosas grandes y cosas sobrenaturales en Dios.

Entonces aquí vemos otra vez el primer principio antes tratado.

"El aceite es un símbolo de conexión profética"

Este nos enlaza con nuestro propósito divino, ha llegado el símbolo de conexión profética con su propósito, si yo les pregunto:

¿Cuántos de ustedes tienen un aceite en su casa para ser ungidos cada vez que van a orar?

Cuando vamos ante Dios tenemos que ungirnos prepararnos con el perfume del perfumista, activar la atmósfera profética del aceite de la santa unción, cuando estamos enamorados nos perfumamos para sorprender esa persona es así también tenemos que preparar la atmósfera de adoración, oración y conexión profética por medio de este símbolo.

Desde la mente griega la gente piensa que la oración es simplemente palabras. No creen en la comunicación con Dios, pero no es un simple diálogo, la oración es la maternidad, es donde nacen los grandes proyectos de Dios.

Si entendemos la oración
solamente como un diálogo,
entonces vamos a pedir y pedir
cosas, cuando vamos ante Dios.

Y lo que debemos hacer es
desnudar nuestra alma,
como un perfumista, cuando
presentamos nuestro ungüento
como una ofrenda, para que la
gloria que viene del Padre,
embaraze tu alma, y mate toda
esterilidad y que los sentidos,
la lógica que tienen cautiva y
prisionera de la razón sean
desconectados de tu vida,
para que ya no seamos
forasteros espirituales y
andemos perdidos
espiritualmente, sino que
ahora seamos perfumistas
de nuestro amado Dios.

Vamos a abrir portales espirituales
que nos permitan conectar con el

Padre por medio de este aceite
que nos pondremos
de pies a cabeza.

Hay quienes se preparan y se
perfuman hasta con detergente
del hogar y de ropa con el fin
de agradar y oler bien ante los
hombres, pero hoy estamos
aquí para recibir estos códigos
proféticos ya que estos
estarán abriendo portales
para su conexión con lo divino.

Entonces es importante que
podamos entender que al hacer
Tefilah, (oración) nos debemos de
ungir, haciendo de este momento un
tiempo especial, esto no es una
doctrina de un instituto teológico,
es una revelación del cielo.

Este es un momento de intimar
con el Padre, el efecto de la Tefilah,
(oración) siempre funciona.

en favor, en respuesta de la
manifestación de la gloria de Dios,

¿Sabe por qué?

Como antes les dije,
esta oración está diseñada
para que seamos embarazados,
y un embarazo sin esperma,
no es un embarazo ya que está
incompleto.

¿Por qué razón?

Si no hay esperma,
no hay fecundación, no hay
multiplicación y sin multiplicación
no hay propósito.

Es por eso que en la Biblia
leemos lo siguiente:

Éxodo 29:4

"… Y llevarás a Aarón y a sus hijos a la puerta del tabernáculo de reunión, y los lavarás con agua. Y tomarás las vestiduras, y vestirás a Aarón la túnica, el manto del efod, el efod y el pectoral, y le ceñirás con el cinto del efod; y pondrás la mitra sobre su cabeza, y sobre la mitra pondrás la diadema santa.

Luego tomarás el aceite de la unción, y lo derramarás sobre su cabeza, y le ungirás. Y harás que se acerquen sus hijos, y les vestirás las túnicas. Les ceñirás el cinto a Aarón y a sus hijos, y les atarás las tiaras, y tendrán el sacerdocio por derecho perpetuo…."

Antes de los sacerdotes ser ungidos, estaba el agua, cuando el ungido de los ungidos estuvo en la cruz de su costado salió agua símbolo de purificación y de la restauración y sangre símbolo de la redención y consagración a Dios Padre.

Con la letra Alef fue que Dios creó todo el mundo y todo lo que da agua, todos los ríos y todos los minerales hasta la sangre fue creada con ella, pero la letra Zayn, que es el número 7, es la que representa el fuego, esta es la que le da formación a todo lo creado, es la que trae activación sobrenatural.

Entonces nos vamos a enfocar en esta activación.

¿Y por qué en está?

Por qué es lo que estamos procurando, ser embarazados por Dios, por lo cual tenemos que ser ungidos y entrar hacer oración profunda hasta que encontremos su presencia.

¿Y cómo lo hacemos?

Para multiplicar y mejorar nuestra
relación con Dios debemos
aumentar nuestros conocimientos
y sabiduría escudriñando las
escrituras hasta que su palabra
se nos meta por dentro, y lleguemos
a una dimensión espiritual
diseñada para que el Padre
deposite su gloria en nosotros.

Entonces la sincronización con el
propósito divino, más la disposición
de nuestros corazones ante el
Padre es lo que hace que venga
como resultado, el acceso a estas
dimensiones sobrenaturales,
para que lleguemos como
efecto resultante a la maternidad
producto de haber sido
"embarazados" por medio de la
oración y el ungimiento divino.

Hay muchas oraciones que están estériles, y es porque en su manifestación no hay Tefilah (oración divina) les voy a dar un dato importante, acerca de la oración.

Cuando entré en la dimensión de la oración, refugiese en los brazos de Dios y no permita, que la debilidad de su cuerpo establezca el dominio sobre usted, a través del sueño, el hambre, el cansancio y la falta de concentración.

Algunos no oran sino que balbucean mientras duermen.

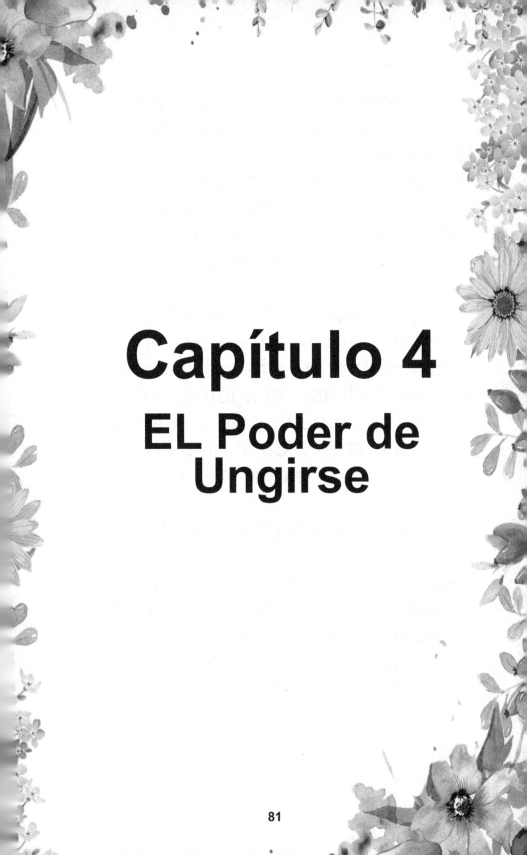

Capítulo 4

EL Poder de Ungirse

Mis amados hermanos ustedes
no saben lo poderoso que es
levantarse de madrugada a ungirse
en aceite y hacer oración, sabemos
que el cuerpo quiere dormir,
la carne es débil pero el Espíritu
está dispuesto.

Aquí surge un debate entre el
Espíritu y la carne, también hay que
considerar que luchamos contra el
cansancio físico, el agotamiento de
todo un día de trabajo o estudio,
el estrés y los afanes del
diario vivir.

Para entrar en altos niveles de
oración necesitamos ser como
cuando un disco duro es formateado,
cuando queda en blanco, para que
nuestra mente sea libre de la
saturación diaria y del ruido
que deja el ambiente en
nuestra mente.

Este ruido es generado mientras
estamos haciendo diferentes
actividades durante el día,
yo admiro mucho a las personas
que trabajan con niños,
a los docentes, a quienes trabajan
en obras de construcción o con
pacientes yo admiro a quienes
por su trabajo deben de estar
escuchando sonidos fuertes.

Tienen mi eterna admiración,
porque para ellos entrar en la
dimensión de la oración deben de
apagar estos ruidos en su mente.

La tranquilidad y la paz interior,
son muy importantes, por eso
a veces debemos poder lograr
apagar estos ruidos aunque
estemos en medio de ellos.

La tranquilidad y la paz son como
un río que trae a la mente corrientes
de comunión para la oración.

El ruido puede impedir que tu mente grabe lo que Dios quiere depositar, cuando yo decido entrar en un alto nivel de entrega en oración, con el permiso de los creyentes metódicos, yo sé que hay creyentes que usan sus métodos conformes a su sistema religioso y de esto han hecho leyes, dogmas y reglas religiosas.

Pero creo que la razón por la cual yo apago mi sonido mental, es porque busco la dimensión de conexión divina, me unjo es porque yo vengo para ser embarazado por el Padre.

Dios me dijo a mí.
¡Ven con una ropa ungida y especial a mi presencia!

Entonces yo dije,
¿Pero Dios, cómo así?
Y él me respondió

"Porque las ropas que tú usas, para hacer otras cosas en la calle absorben energía del ambiente y contaminan la atmósfera sobrenatural que quiero desarrollar contigo."

Tenemos ropa de uso personal, pero también necesitamos ropa para uso sacerdotal.

El Señor me dijo:

"Cuando vengas a mi presencia, ponte ropa consagrada para mí"

En este momento le pido a Dios para que abra su entendimiento y me comprenda que lo importante no son las prendas, ni la marca, pero para que usted reciba la revelación de la ropa sagrada, debe abrir su mente para entender lo que quiero explicar a continuación:

Yo tuve un encuentro con la
revelación que revela la gloria
de la ropa que porta un sacerdote,
la que revela una casa profética, cada
persona determina si cree o
no lo que el Señor me habló a mí.

Entiendan mis amados hermanos
ustedes pueden tener muchas
ropas, para salir a fiestas, que para
los matrimonios, que para ir al
médico, o las reuniones elegantes,
ropa para ir de compras, en fin,
quiero que usted entienda que
usted también necesita una
ropa para vivir momentos
especiales con Dios, y esta es
la que se necesita para activar
en la oración el poder
revelador del Padre.

Ahora usted me dirá,

Profeta pero yo no tengo dinero
para comprar ropa elegante,

lujosa como para ir a la presencia de Dios

¿Qué puedo hacer?

Primero ten paz, recuerden la promesa de nuestro Señor en el libro de **Juan 14:13-14**

"Y todo lo que pidiereis al Padre en mi nombre, lo haré, para que el Padre sea glorificado en el Hijo."

Entonces pídele al Padre celestial tus ropas para vivir momentos especiales con Dios y el estara proveyendo todo lo que requieras para cumplir tu asignación en esta dimensión.

Ahora cuando las tengas ponlo en práctica, y busca tu propia experiencia, y cuando recibas un impacto de gloria entonces me testificas de tu propia experiencia a través de las ropas consagradas a Dios, con las cuales entraste a su presencia, la Biblia enseña que la ropa de los sacerdotes era consagrada

Lo podemos encontrar en el libro de **Levítico 21:10**

"Y el que sea sumo sacerdote entre sus hermanos, sobre cuya cabeza haya sido derramado el aceite de la unción y que haya sido consagrado para llevar las vestiduras, no descubrirá su cabeza ni rasgará sus vestiduras"

¿Entonces porque vamos a ir adorar a Dios con la misma ropa que usamos para andar de fiesta o con personas que no son espirituales?

No saben, que cada vez que una palabra sale de su boca,

esta libera una vibración que genera energía, que es impregnada ya sea en las paredes, los muebles o en su ropa, y si en esta palabra hay rabia, hay odio hay actividad de demonios, eso es lo que va a llevar a todos lados.

Mis amados hermanos nosotros somos luz y no debemos proyectar nada que esté divorciado de la luz.

Entonces tenemos que separar una cosa de la otra.

Cuando Dios me habló yo encontré un sentido, esto fue cuando yo hice los primeros 40 días de ayuno, el Señor me mandó haceruna bata de lo que antes era una sábana yo la rompí he hice la bata que el Señor me ordenó hacer, luego de esto cuando pasaron como unos 15 días, yo sentía que la bata y yo éramos uno.

Esto era debido a que la
bata empezó a empaparse de
mis propios aceites corporales,
más la gloria y la presencia de
Dios, entonces yo decía:

¡Dios mío, pero esto es increíble!
Sepa qué es importante
que yo le diga:

¡Luego de siete días de estar
ungido, en este ayuno y oración,
el deseo de la carne, y la voluntad
humana empieza a morir en su
Espíritu y su cuerpo se siente libre.

Es entonces cuando usted siente que
ya no desea el mundo natural sino
que se siente conectado de manera
sobrenatural con el mundo espiritual.

El mundo natural para usted
empieza apagarse, mientras que
el espiritual se prende más y más
dentro de usted.

Este desafío espiritual fue una dimensión que me dio muchas bendiciones y mucha autoridad espiritual y un nivel mayor del Espíritu de vida.

Es peligroso no saber cuál es su llamado y asignación, hoy en la iglesia tenemos escogidos sin conocimientos, ungidos sin gloria, estos escogidos sin conocimientos, en vez de traer bendición al pueblo lo que traen es estancamiento, estos traen tanto estancamiento, que se siente el estancamiento en su atmósfera, yo conozco iglesias que están estancadas hace 20, 30 y hasta 50 años.

¿Por qué tenemos personas que portan un alto nivel de gracia, pero no portan la unción de esa gracia?

Son este tipo de ministros que
hacen competencia con quienes
portan la unción y la gracia,
y están completos en Cristo.

Hay quienes pueden tener gracia,
pero si no tienen la unción que
manifiesta esa gracia entonces
se está viviendo de la apariencia
más que de la evidencia y la marca
de haber sido ungido por el Padre.

En el segundo principio que
hoy quiero establecer como
determinante para un ungido,
es descubrir cuál es su propósito,
cuando vaya a entrar en la
dimensión de la intimidad,
primero prepare su aceite
para entrar en la oración.

Cuando yo entro en la dimensión
de la guerra espiritual, me gusta
primero preparar mi atmósfera
profética en el fuego de Dios.

Capítulo 5

La Gloria de Dios en las Plantas y Árboles

Continuamos revelando los secretos de los aceites, pero quiero que ustedes estén animados para que sean bendecidos sientan alegría en sus corazones por que se están llenando de sabiduría, conocimiento y herramientas que les serán de utilidad en el momento de combatir al enemigo.

Esto es algo que a mí en lo personal me llama mucho la atención ya que hay como un afán, hay un hambre, sí amados hay un hambre grande de aprender de estos misterios de ungir con aceites, aparte de esto conocer más del mundo de la guerra espiritual, cómo librarse de brujerías.

Todas estas son cosas buenas que podemos aprender ya que en estas enseñanzas el Señor nos va capacitando, sí para que nosotros aprendamos cómo lidiar con todos estos fenómenos que se presentan a diario y a veces por ignorancia no sabemos qué hacer o como combatir.

Mis amados hermanos entonces vamos al primer punto y es importante ver unos cuantos códigos que les voy a enseñar, son cosas que se pueden hacer, cosas que no se pueden hacer, cosas que son proféticas, cosas que son empíricas, cosas que son bíblicas, le voy a enseñar cómo ustedes pueden castigar severamente al enemigo si así lo quieren porque hay gente que realmente quieren hacer guerra espiritual y aprender cómo expandir la conciencia.

El Señor habló con Moisés y le dijo que preparara el aceite de la santa unción, pero entiendan esto fue lo que le dijo el Señor a Moisés, prepárate el aceite de la santa unción según el arte del perfumista.

Éxodo 30 es la introducción, la que nos lleva al episodio donde la Biblia habla rigurosamente de estos aceites miren lo que dice la Biblia ahí:

"Habló más Yahweh a Moisés y le dijo tú tomarás esencias finas de Mirra excelente"

Hay Mirra de diferentes tipos, pero hay una Mirra que es la Mirra excelente, la extrafina la Mirra que es la que se usa en el palacio.

Entonces yo quiero que ustedes entiendan esto, hay una Mirra que es la Mirra normal, podría decirse la de los pobres, la barata, la que todo el mundo tiene y usa.

Pero a Moises le dijeron Mirra excelente y además le dijeron:

Vas a conseguir 500 siclos,
si usted toma la medida, la cantidad
que es 500 siclos usted tiene que
darse cuenta que la cantidad de
aceite que se iba a preparar era
una cantidad de aceite exuberante,
es decir, era una cantidad enorme.

500 siclos, mire como encabeza
la lista la Mirra, que es un árbol
aromático, es una esencia aromática
pero la Mirra que se usa para esto no
es una Mirra china, esa que tú vas a
comprar baratísima, no, no, no, esta
era la Mirra del palacio real, con la
que se hacía el perfume de las
Reinas y de Los Reyes.

Después de la Mirra tú vas a buscar
Canela aromática, si de la Mirra eran
500 siclos, de la Canela eran 250
siclos, ahora pregúntate esto:

¿Por qué 500 de una y
250 de la otra?

Háganse ustedes esa pregunta.

La respuesta es sencilla,
porque en la guerra espiritual la
Canela está por encima de la
Mirra.

La Canela en la guerra espiritual
siempre va a estar por encima
de la Mirra.

¿Por qué razón?

Por el poder que tiene la Canela
a nivel de aroma, a nivel de esencia
a nivel de impacto en el mundo
espiritual igual que en el mundo físico
la Canela es más poderosa por eso
cuando yo hago guerra espiritual y
toma territorial, yo la hago con aceite
de Canela, me encanta el aceite
de Canela para la toma territorial,
porque yo he sentido y he escuchado
en el Espíritu, cuando la Canela cae
al piso como quema, como si fuera

cayendo ácido, entonces este asunto es muy importante que ustedes lo entiendan.

Vamos a tener problemas aquí con el aceite de Oliva y hay muchos que van a tener una disonancia cognitiva porque yo estoy leyendo La Biblia estoy en Éxodo 22 al 33 y dice del Cálamo aromático 250 siclos, sí la Mirra sigue arriba en 500 siclos, a la Canela le bajaron a 250 siclos y al Cálamo 250 siclos, significa que entre Mirra, Canela y Cálamo tenemos 1500 siclos de especias.

Dice de Acacia 500 siclos, no esté tomando nota para usted hacer este aceite porque yo lo estoy tomando como ejemplo pero yo no quiero que ustedes repliquen estas mezclas porque estos aceites se usaban para ungir, sí y para ministrar la unción, porque recuerde que estos aceites eran símbolos de un puente cósmico y místico para abrir portales entre el cielo y la tierra, porque como no había un cordero que hubiera derramado su sangre en la cruz del calvario los sacerdotes se veían obligados a tener que usar estas cosas y estas combinaciones, es decir, que eran como invocaciones, como si fueran conjuros para poder mantener la fluidez de la presencia a través de la representación de este aceite de la unción.

Ahora ustedes nunca ven a Jesucristo en ningún lado de las escrituras ungiendo a nadie con aceite, nunca se ve a Cristo en su ministerio entero ungiendo con aceite a nadie, al contrario él permitía que lo ungieran a él, pero él no usaba el aceite para ungir a nadie o sea esto tiene que tener un código.

Si usted mira la presentación de la Acacia y la presentación de la Mirra está viendo que Mirra y la Acacia tienen el mismo peso espiritualmente hablando, sí me entiende por en el equilibrio de la la combinación, la Acacia también son 500 siclos y la Mirra también son 500 siclos, dice 250 de Cálamo aromático, de Acacia 500 siclos, según el siclo del santuario ahora usted no sabía que los aceites se ministraban según los siclos.

¿Y por qué el siclo del santuario?

Porque en esa parte del templo había un portal especial para que el sacerdote recibiera ministración de parte del Señor, para poder fluir en dimensiones sobrenaturales y poder realizar la intersección que iba a ser por el pueblo.

El santuario era un lugar demasiado importante que denotaba conexión, humillación, entrega y Dios le está diciendo a Moisés, tú conoces cuáles son los siclos del santuario, según el siclo en el que esté el santuario tu le vas a poner 250 de Cálamo aromático, 500 de Acácia, le vas a poner según el siclo del santuario y de aceite de Oliva un HIM.

Esa cantidad de HIM no era una cantidad muy alta, porque este aceite de Oliva era como para facilitar las mezclas de las diferentes esencias, el aceite de Oliva venía haciendo como una plataforma espiritual... ...Y harás de ello el aceite de la santa unción en superior ungüento, es decir, superior preparación, superior elaboración, dice esto lo vas a hacer según el arte del perfumista o sea, no es como el sacerdote quiera, hay una persona consagrada hay una persona equipada para mover estas dimensiones.

Por eso dice según el arte del perfumista o sea está diciendo que la persona que iba a unir el aceite no era una persona cualquiera, era alguien que tenía un arte, un talento, una preparación, una apreciación especial dada por Dios según el arte de lo que Dios iba a revelar a él así se iba a hacer. Ahora el Señor dice con superior ungüento o sea con la superior preparación, con la mejor preparación, es decir, que no sea algo que se iba a hacer solo por hacerlo, sino que la persona debía dedicarle tiempo y sus conocimientos para encerrarse a llevar el aceite a su nivel superior para q sea de superior ungüento, era una persona que tenía la capacidad de entender cuando el aceite estaba listo, cuándo estaba preparado para ser usado, cuando el aceite en su aplicación iba a surtir los resultados esperados.

Claro que después de la preparación
había que dejarlo reposar, no era que
se mezcla y se mezcla y ya está
listo, llévatelo a usar ya, no, no, no,
por eso se llama superior
ungüento, por qué este aceite
tenía que ser macerado, preparado,
concentrado y llevado a un lugar
donde no se iba a fermentar,
porque el aceite necesita un
recipiente limpio donde van
a concentrarse y desarrollarse
las sustancias, para hacer una
sola y poderosa mezcla,
¿Está entendiendo?

Ahora en la parte sobrenatural yo
quiero que ustedes entiendan lo que
a mí Dios me revelo, cuando Adán fue
despojado del nivel de santidad que
tenía, hubo una gloria que era
la gloria con la que él tenía que
subyugar la tierra, era la gloria con la
que él tenía que que llevar a cabo su
tarea y el legado de Dios,

cuando Adán peca esa gloria salió de su cuerpo, así es, salió del cuerpo de Adán y ahora esa gloria no podía ir para donde los animales porque los animales iban a mantener el pecado y había mucha impureza lo único que era compatible con el hombre que Dios dejó establecido que fuera compatible con el hombre eran los árboles y las plantas.

Porque el hombre estando Santo antes de pecar, Dios le dijo, de todo árbol y de toda planta que dé semilla del huerto puedes comer o sea que el hombre comía y no era por el tener un cuerpo o estar en pecado, ni tampoco era porque le daba hambre, el hombre comía por simple gusto y placer divino y para honrar esa palabra que le fue dada de parte de Dios.

Cuando el hombre comía de los árboles y las plantas con aquel cuerpo glorificado y en aquella dimensión de gloria y de pureza en la que se encontraban las plantas y los árboles, el hombre recibía la información codificada que tenía cada árbol y cada planta, porque los árboles y las plantas tienen una información codificada que sirve para reestructurar y sanar el cuerpo.

Por eso es que ustedes no echan hojas no echan raíces pero cuando están enfermos y se toman un té de ciertas plantas, o raíces de ciertos árboles, ese té tiene las propiedades de reestructurar su cuerpo, sanarlo devolverle la salud, la fuerza, y el vigor ...

¿Y por qué si usted no es un árbol por qué lo que brota de ese árbol o esa planta a usted le sana?

Sencillo porque su ADN resuena con el ADN vegetal de los árboles y las plantas, porque estamos diseñados para comer árboles, plantas, hojas, frutos, semillas, ustedes no estás diseñados para comer cadáveres de animales, pero si están diseñados para comer de los árboles, para comer legumbres para comer vegetales, por esta causa es que cuando toman un té, o un agua de hierbas aromaticas, vuelve a usted el vigor, la salud, la vitalidad...

¿Me están entendiendo?

Esto es algo muy poderoso, por eso es que ustedes cuando se dan cuenta de esta clase de cosas, ustedes comienzan a despertar a esta visión, entonces si entienden que el ser humano sí fue diseñado para comer de los árboles.

Como lo dice la palabra de Dios, de todo árbol del huerto comerán

y en ese momento ellos no habían
pecado, en ese momento ellos
estában santos, entonces se está
viendo que cuando ellos pecan
ahora les da hambre y si no comen
se enferman se debilitan y los árboles
y las plantas los ayudan con sus
frutos a alimentarse y a sanar,
los árboles y las plantas los curan,
los árboles y las plantas los visten
les da de comer les devuelve
la salud, los desintoxica.

Si ustedes van descalzos y
abrazan un árbol ustedes van a
descargarse de muchas energías
negativas que tienen en el cuerpo,
que son las que forman las células
cancerígenas.

Más misterios y secretos de los
arboles en mi próximo libro titulado
"Árboles Guerreros" y les digo la
verdad yo no quiero ni publicar ese
libro... porque si lo público me van a

decir curandero, yerbatero, entonces estoy esperando que el Señor me dé la forma de poder traerles todos los códigos que hay en ese libro para luego publicarlo y que ustedes puedan disfrutar de esa de esa manteca de querubín.

Entonces ya ustedes entendieron que el lenguaje Místico es el lenguaje sobrenatural, es el lenguaje que va más allá del púlpito.

Dios le dice a Moises voy a darte los códigos con los cuales haciendo su combinación abres el portal para el tránsito de la santa unción.

Entiendan que si el mismo Señor le está dando las medidas es porque así debe hacerse, y no es como él quiera...

Eso es para los que dicen que Dios creó el caos y el desorden de

Génesis 1, para los que dicen eso aquí vemos un Dios tan organizado que le dice todo en medidas exactas y con un equilibrio especial de la preparación de las sustancias y las esencias porque el Señor sabe que si él mismo se pasa de una cantidad no va a dar el resultado.

Dios no le dice tira eso ahí como caiga que eso no importa ...

El Señor pide llévame 500 de Mirra 250, de Canela 250 de Cálamo llévale el HIM de Oliva y dile a el hombre al que yo le di el arte, al hombre que yo le di el talento, dile que cuando tenga esos aceites que se prepare, pero tú tienes que estar pendiente a algo los siclos del Santuario... porque así ustedes no lo entiendan el Cálamo aromático, el Cálamo se movía con los siclos porque parece que esa especie de Cálamo cuando se movía en el santuario parece que en esa ministración el sacerdote era visitado por seres de otras realidades de otras dimensiones.

Sí y yo creo que después de leer este libro no van a querer leer más al Profeta León jamás, porque yo voy a entrar para unas aguas profundas ahorita que ustedes me va a entender o me van a entender o se van a ir de aquí y recojan su cartón porque esto aquí es para gente sin miedo o amarrense en una esquina por ahí para que puedan aguantar lo que se viene porque yo voy a soltar unos códigos que van a terminar metiéndome preso otra vez ...
(Cancelado y anulado)

El Cálamo si se usa solo es peligroso.

Entiendan, el Cálamo solo es peligroso, por eso es que el Cálamo se ministraba según los siclos del altar.

Por qué el Cálamo en el mundo espiritual es como una especie de incienso entiende y si ustedes se ponen de creativos ustedes que están ahí que me están leyendo se ponen de creativos y se ponen a quemar incienso en su casa, en su negocio, sin la dirección del Espíritu Santo, esa fragancia puede traer otras entidades que no son del cielo, ya le avise cuidado porque pueden atraer otra cosa.

Después no me diga:
"Profeta y ahora que hago yo siento unos dolores de cabeza y una cosa como rara que se me encaramó en la espalda y no se me baja"

Yo les hable y se les dijo que no se pongan de creativos.La Mirra ok, la Canela ok, la Acacia ok, pero el Cálamo no, el Cálamo no.

Yo he visto evangélicos quemando incienso para purificar su casa y el incienso no, no se ponga a quemar incienso sin dirección del Espíritu Santo, porque la quema de incienso tiene que hacerla un sacerdote, que lo haga alguien que esté avalado por el Espíritu Santo, que tenga la capacidad espiritual de aguantar la dimensión que activa el incienso, porque el incienso sí abre y activa portales fuertes, un incienso puede atraer demonios que estén a 20 km de tu casa.

Lean bien y acuérdense de esto tan solo un poco de incienso pueden atraer demonios que estén a más de 20 km de su casa los puede atraer inmediatamente para allá.

Yo he visto Evangélicos prendiendo sahumerio ... y me dicen

" Profeta eso es para darle olor a la casa nada más" ...

¿Pero por qué tú no lees la cajita de eso que estás quemando?

Tu crees que eso es solo para darle olor a la casa, pero tu no lees la cajita de los sahumerios, de esas varitas de incienso.

Pero qué vas a leer si tú no entiendes lo que dice ahi, como tú no sabes chino, arabe o esas letras raras que vienen en la caja y eso tiene un grupo de letras por ahí, esos elementos son fabricados y consagrados para ser una ofrenda a Buda y a todos esos dioses raros, dioses paganos. Cuando tú vienes a ver tienes la Biblia que es la palabra viva de Dios en un mueble y en el otro

114

mueble le estas prendiendo
incienso a Buda o a quien sabe que
dios pagano y aun asi tienes el
descaro de preguntarme:

¿Profeta por que sera que sigo
esperando que llegue la sanidad y
las bendiciones a mi casa, a mi
negocio, a mi familia
y no pasa nada?

Pero ustedes son felices prendiendo
sus sahumerio y sus varas
de incienso ...

Ya ustedes vieron la combinación,
el código morse los aceites que
formaban el aceite de la santa
unción, ese aceite era para la santa
unción, para un oficio exclusivo.

Dice así, con él ungirá el
tabernáculo de reunión.

¿Por qué era tanta la cantidad de aceite?

Porque con él se iba a ungir el tabernáculo de la reunión donde todos los sacerdotes se sentaban a consultar, a ministrar.

¿Ahora ustedes creen que el tabernáculo era un pedacito o un terrenito pequeño?

No mis amados hermanos, era un lugar muy grande, recuerden que en la reunión de Salomón habían 120 sacerdotes y un lugar que van a meter 120 sacerdotes no era un lugar pequeño.

También había que ungir el tabernáculo de reunión por fuera y por dentro, porque el lugar santo tiene que estar protegido con el fuego santo por dentro y por fuera, como este era el aceite de la santa unción era el aceite que simbolizaba la presencia visible de Dios en el tabernáculo, tenia que ungirse el tabernáculo de reunión y después el arca del testimonio, es decir, este aceite está destinado al tabernáculo y el arca del testimonio, la mesa de los utensilios, el candelero con todos su utensilios, que eran muchísimos, todos los que estaban en el altar, también el altar de los holocaustos con todos sus utensilios y la fuente y su base así lo consagrará y serán cosas santísimas todo lo que tocare en ellos será santificado.

Ungirá también Aarón y a sus hijos y lo consagrará para que sean mis sacerdotes y hablarás a los hijos de Israel diciendo este será mi aceite dice el Señor mío, mi aceite, este será mi aceite de la santa unción por vuestra generaciones sobre carne de hombre no será derramado ni haréis otro semejante conforme a su composición.

No es que no lo haga, es que los códigos que él está dando ahí son los códigos de él, ustedes no van a hacer un aceite Igual que ese.

Claro que hay gente intentando replicarlo pero si se los lleva el diablo no tengo culpa de eso.

Aquí yo estoy diciendo claramente no te pongas de creativo no repitas esta mezcla aquí te lo están diciendo, porque esa composición santa es y por santo lo tendréis vosotros cualquiera que compusiera ungüento semejante a este, que pusiere él sobre extraño será cortado de entre su pueblo.

Cualquiera que se ponga de creativo a replicar un aceite igual que este lo van a cortar le van a arrancar la cabeza y lo van a sacar el campamento porque ya desobedeció.

¿Pero qué tiene este bendito aceite que no se puede replicar?

Este es un aceite con una dirección es un aceite con una misión profética y oye lo que dice no me vas a derramar este aceite sobre carne de hombre, no me va a ungir persona con este aceite.

¿Profeta pero y entonces cómo así?

Si la Biblia dice que no podía tocar carne...

¿Por qué Aarón lo van a ungir y a su generación?

Les voy a decir por qué, pero miren les dije que este tema no era para novatos ...

La respuesta es la siguiente, los ungieron porque Aarón y su familia estaban podridos, Aarón tenía la mano podrida y la maldición de Aarón cayó sobre él y también cayó sobre su generación.

¿Profeta pero y cómo es eso? ¿No se supone que Aarón era un hombre tranquilo Aarón era un evangélico que iba a su iglesia normal?

No mis amados hermanos Aarón estaba podrido, sí Aarón estaba podrido y había que purificarlo y consagrarlo nuevamente.

¿Pero Profeta porque usted dice que Aarón estaba podrido?

La respuesta es la siguiente:

Por que Aarón fue el que hizo el buey, el becerro de oro, Aarón fue el que hizo la ofensa más grande, cuando Moisés estaba en los cuarenta días, Aarón fue el que hizo el becerro de oro para que adoraran, festejaran, fornicaran, en fin, todo lo hicieran delante de ese famoso becerro de oro...

¿Ahora ustedes diganme Aarón no estaba podrido?

¿Tú crees que un sacerdote que tenga convicción va a dejar que un pueblo lo domine?

Aarón mostró debilidad al dejar que el pueblo lo gobierne.

Hizo un becerro y con esto maldijo toda su descendencia, entonces ahora Moisés tiene que redimirlo.

Porque no me digan a mí que tú
vienes de hacer un becerro, de estar
en fornicación, en adulterios, en
fiesta, vienes de hacer todo lo que
tú haces en el mundo y ahora
quieres venir para la iglesia
porque tú tienes talento...

¿Entonces ahora tú quieres
venir a brillar?

No, no, no mis amados hermanos,
esas costumbres del mundo primero
hay que sacartelas de encima,
porque recuerda que tú te
descarriaste en el desierto,
tú no puedes venir ahora a decir
que tengo talento, que yo canto,
que yo soy ministro, que yo libero,
que yo hago parte del coro,
de las danzas, no, no, no.

No mis hermanos, ustedes están
podridos, igual que Arón, primero hay
que redimirlos.

Entonces la pregunta aquí mis hermanos es la siguiente:

¿Ustedes saben lo que pica, arde y quema el aceite de la Canela?

Ahora imagínese que ungida le dieron a Aarón.

Pero ni modo había que santificarlo, el hombre estaba en el pueblo, pero no estaba santificado, había que "quemarlo" con la Canela y lo más fuerte del caso fue que pagó él y pagaron sus hijos.

¿Están entendiendo?
No hay una cosa más fuerte que tú te conviertes en el canal por medio de que otro peque por tu culpa y tus diabluras, por tu mal testimonio, por tu mal comportamiento.

La Biblia dice que hay maldición para el que repita este aceite, eso dice la

Biblia entonces yo le voy a dar a
ustedes ciertos códigos
de los aceites.

El aceite de la santa unción estaba
compuesto por cinco ingredientes y
este aceite fue derramado sobre la
cabeza de Aarón, ya que había que
ungirle la mente, el cráneo y todo.

Pero un aceite de esos sobre la
cabeza de Aarón, imagínese ese
aceite corriéndole por su cabeza
la piel más sensible del cuerpo
está en la cabeza, en el rostro,
imagínense ese aceite de Canela
corriéndole por los párpados, por las
mejillas, por el cuello, imagínese el
ardor y la picazón, en la piel y yo
creo que le picaba y le ardía hasta al
respirar ese olor, pero Dios estaba
purificando por dentro y por fuera de
todo el pecado que sus ojos vieron.

Porque toda las aberraciones,
las fornicaciones, las hacían ahí
delante de él, delante del becerro.

Entonces derraman este aceite
sobre Aarón sobre sus hijos
y le dicen:

"Tú necesitas entender que tienes
que estar consagrado,tú no puedes
limitarte ahora mismo tienes que
dejar que el aceite caiga"

En el **Salmo 133:2-3** describe un
detalle que no hace pensar que tan
grande era la cantidad de aceite que
derramaban sobre Aarón.
El salmo dice:

*"Es como el buen aceite sobre la
cabeza, el cual desciende sobre la
barba, la barba de Aarón, y baja
hasta el borde de sus vestiduras"*

Entonces imaginen ustedes la cantidad de aceite que le pusieron que desciende desde la cabeza hasta el borde de sus vestiduras ...

Yo creo mis amados hermanos que la cantidad de aceite que derramaban para ungir un sacerdote posiblemente era más grande que la cantidad que usaban para ungir a un Profeta.

Entonces vamos a seguir con esto porque es importante que usted lo entienda, que cuando el Señor prepara este aceite ni el mismo Moisés se unge con este aceite, ni a los levitas lo ungen con este aceite solamente a Aaron y a sus hijos para descontaminarlos de los pecados.

Este aceite no se repitió más solo se hizo esa vez porque recuerde que este iba a ser el primer tabernáculo y va a ser el primer templo, iba a ser el primer portal de comunicación entre el cielo y la tierra. Ya después de ahí los Profetas se deciden a tener sus aceites personales y eran aceites para ungir a personas, para ungir Reyes, para ungir los altos mandatarios de los gobiernos y también a los herederos de Profetas que los ungían con aceite de Oliva en su redoma.

Pero ahora las cosas se ponen más interesantes.

Todo el Antiguo Testamento nos enseña a nosotros la importancia de ungir a los Profetas, de ungir a los reyes de ungír a los sacerdotes, de ungir a la gente que tiene asignación y que tiene legado.

Les voy a dar la siguiente información, si alguien va a comprar

Cálamo porque yo me imagino como le di tanto énfasis a el Cálamo y hay gente que tiene que estar metido en cuanta tienda encuentra buscando a ver cómo cómo se consigue su Cálamo, les voy a decir algo, mucho cuidado, porque a el Cálamo le echan pesticidas y metales pesados, que cuando viene a ver ustedes, se están aplicando un montón de cosas raras, si compran ese cálamo chiviado falsificado que hay por ahí ustedes deben comprar cosas buenas, investigue su procedencia para que no compre hierro molido, aluminio molido con pesticidas y cosas raras.

Vamos a seguir con esto mis amados hermanos, la Biblia entera habló y se movió en estos símbolos proféticos, ya sabemos que el aceite unge, el aceite prepara, el aceite consagró el altar del tabernáculo.

¿Ahora por qué los sacerdotes tenían que estar bajo la influencia de estos aceites?

Número 1: No había visitación continua del Espíritu en esos tiempos el Espíritu solamente estaba sobre algunas personas, sobre los reyes y los Profetas y uno que otro sacerdote y levitas.

Yo que he olido la Mirra y sé que la Mirra es de agradable aroma a las fosas nasales, Imagínate que ustedes están en el templo y comienza a llegarles ese olor, ahi se están dando su dosis de Mirra como que no hay mañana, su dosis de Canela, su dosis de Cálamo y la otra dosis de Acacia... usted se huele toda esa mezcla junta, usted respirando esa mezcla junta por un lapso de tiempo yo digo unos 15 o 20 minutos que usted se encierre en ese templo lleno de los olores de esos aceites, usted y yo sabemos aquí y sin faltarle el respeto al Señor, pero está mas que claro que usted respirando todo eso se está drogando literalmente.

¿Dígame si no es verdad?

Sin faltar el respeto al Señor usted y yo sabemos que usted respirando todos esos olores usted se está drogando, sin faltarte al respeto pero si Dios te sacó de las drogas gloria al Señor. Pero tú sabes, que si tú te estás dando dosis de esas sustancias por tanto rato yo dije 15 o 20 minutos para tú entrar en "sintonía".

Pero el sacerdote no duraba 15 o 20 minutos, no el sacerdote duraba un rato más largo ahí adentro, respirando todo eso que estaba concentrado ahí adentro, aparte de eso por una esquinita así como de sospecha tú le metes par lámparas botando humo de incienso que se está quemando ahí adentro como para terminar de completar la mezcla y que te dé todo eso en la cabeza...

¿Están entendiendo?

Entonces esa cantidad de tiempo que el sacerdote duraba ahí exponiéndose a todo eso gratuitamente, con permiso del Señor no me diga a mí que el sacerdote iba a modular algo normal, tranquilamente, el sacerdote que estaba metido ahí respirando el incienso, respirando toda esa cosa, el sacerdote con esta unción Santa con esta divinidad que se movía ahí era fácil entrar en una dimensión más allá de su realidad porque lo que hacen las sustancias alucinógenas es que te sacan de la función natural de tu sentidos.

Las sustancias alucinógenas van a
sacarte de la dimensión
de los sentidos.

Como en aquel tiempo no
había un Cristo que hubiese
muerto para abrir un camino a
los mundos espirituales para que
hubiera tránsito fácil y pudieran
estár conectados,Jesús murió
y él dijo, yo soy el camino,
la verdad y la vida.

Entonces sin ese camino era
imposible llegar a los mundos
espirituales por esto tenían que
hacer tantas cosas para poder
intentar al menos tener una poca
conexión a esos mundos.

Perdónenme mis eruditos y
maestros que están leyendo estas
páginas no me digan ustedes a mí
que tanto tiempo expuestos al olor de
el incienso y el dolor de todas esas

cosas van a vivir normal,esa gente vivían era drogada, estaban en "nota", en "sintonía" y por eso a ellos le era más fácil tener visiones porque no hay una gente que tenga más visión que una gente que esté bajo efectos de sustancias.

Excúsame ahora mañana van a decir que yo estoy diciendo que todos los sacerdote en el templo eran drogadictos.

Tienen que sacudir sus mentes de lagartijas.

Ustedes saben que todo lo de Dios es Santo y si lo de Dios es Santo ¿Porque creen que él les dio esos códigos?

Yo porque no quiero meterte más profundo pero si supieran a qué nivel de alucinación los puede llevar el respirar toda esta concentración de sustancias, en ese nivel de pureza espiritual que se requería para el cargo y para poder ingresar en ese recinto, porque todo era superior, no cualquiera podía entrar ahí, entiendan que a la glándula pineal es por la nariz que se llega más fácil, miren por ahí es que está la puerta pero nuestro Señor es tan grande tan lindo tan soberano que hay mucha gente que va a llorar ahora por lo que voy a decir.

No todos saben pero uno tiene una virginidad en la nariz, porque ahí queda una tela, esta tela es casi idéntica a lo que tienen allá abajo las mujeres cuando son Señoritas, lo único es que esta tela es como en forma de una mallita, pero está pegada a todo el conducto nasal, hace parte del sistema respiratorio.

¿Están entendiendo?

Esto es lo que impide que para acá arriba de la nariz suba basura y un grupo de cosas raras, pero como Satanás sabía que su trabajo de calcificación de la glándula pineal estaba muy lento, porque la gente estaba despertando, se inventó la fórmula de atrofiar la glándula pineal a la gente y por eso la prueba del covid era con un un hisopo de gran tamaño el cual le introducían a la gente por la nariz.

¿Ustedes recuerdan?

Sin ustedes darse cuenta creyendo que le están haciendo un bien y una prueba normal de salud, un test, algo que es para para su bienestar pero la misión era romper cuánta glándula pineal cuánta virginidad pineal hubiera.

¿Para qué hacían esto Profeta?

Para que ahora puedan mandar aviones tirando "chemtrails".
¿Qué es eso Profeta?

Es cuando los aviones van dejando una estela blanca en el cielo trás de ellos compuesta de muchas sustancias raras y muy nocivas... y cuando eso cae al suelo, al nivel que estamos nosotros, todos a los que les hicieron esa prueba pudieran respirar todos esos metales pesados que tienen los "chemtrails" y llevarlos directo a su glándula pineal y de esa manera desconectarte del mundo espiritual.

Es por eso que te hace adicto a vivir pegado a una pantalla, se te olvida todo, eres menos sensible y después tú dices:
¿Oye pero por qué yo no puedo dejar el Facebook, el TikTok, el Instagram, la pornografia, y todas esas malas prácticas?...

La respuesta es fácil porque a usted ya la programación le esta haciendo efecto, usted ha entrado muchas veces a ver algo importante a su celular y se queda atrapado viendo algo que no le aporta ni le sirve para nada y después de un largo rato de perder el tiempo se queda diciendo a usted mismo:

"yo entré al internet a hacer algo importante pero no se que ..."

Esto sucede porque ya le están controlando, ya está pasando, ahora dígame sea sincero y confiese y dígame
¿Yo estoy equivocado?
Dígame si no le ha pasado confiese dígalo, se le están olvidando las cosas, es porque le están hackeando la cabeza y el alma porque ahora estás respirando metales pesados.

Háblelo dígalo que eso no es nada, estamos aquí para salvarnos, porque ya le están controlando ya tienen control sobre usted entonces ahora la guerra es volver a ser campesino la gente quería salir de los campos para vivir a la ciudad a superarse y ser tecnológico, ahora la guerra es volver a ser campesino la guerra de volver a ser orgánico, la guerra de volver al sistema que nos mantenía puros, con una glándula pineal virgen, activa y sin tanta contaminación.

Entonces esto es como el puente de acceso al lugar que te conecta. Por eso hay que tener cuidado con eso de alucinar y el asunto de los alucinógenos, una visión puede ser inducida o una visión puede ser natural.

Por eso ustedes ven que después de
ese tiempo de pandemia es que
el mundo está más loco, después
de ese tiempo donde a todos le
metieron ese hisopo por la nariz
es que estamos más mal
como sociedad. Es por que eso,
es parte de un mecanismo.

¿Pero Profeta como tú puedes
combinar una cosa de ahora con
las cosas de ayer?

Es lo mismo el sacerdote respiraba
porque él necesitaba alucinar lo
que pasa que tú estás viendo la
alucinación desde la parte negativa
pero yo la estoy viendo desde
la parte positiva.Porque las
sustancias alucinógenas son
conductos que pueden hacer
que el hombre entre en dimensiones
sobrenaturales, por eso es que los
Mayas y los Incas todos esos
aborígenes entraban fácilmente

en comunicación con entidades que le permitían contactar mas facilmente con estás sustancias.

Pachita de allá de México y Jacobo Grinberg, toda esta gente bebiendo ayahuasca han logrado salir del cuerpo, porque eso es una realidad no estoy inventando con esto, lo que pasa es que para que tú puedas encontrar un loco que te explique todo esto y te diga mira esto es asi, te va a costar mucho no solo tiempo sino tambien dinero conseguirlo.

Entonces cuando el sacerdote estaba dentro del templo con tantos aceites imagínese el transe en el que entraba...

Miren mis amados hermanos si nosotros mismos a veces nos aplicamos un perfume y este tiene un efecto en las personas, por

ejemplo mis amados, hay mujeres
que usan un perfume que es como un
mentolado que uno lo huele y siente
que le repele, pero hay otras mujeres
que tienen un perfume que cuando se
lo aplican, a los hombres les da
ganas de "caerle a mordidas"

Porque así es mis amados
hermanos la mayoría de perfumes
que uno se pone, crea un efecto en
las personas.

No se ofendan las mujeres que
están leyendo esto por lo que voy
a expresar a continuación todo es con
fines de aprendizaje, dejando
claro esto, en lo personal el perfume
"Coco Chanel" no se exactamente
cual pero hay un Coco Chanel que
tiene un olor mentolado que parece
jabón de lavar baños.Y no me
mal entienda, el perfume es rico,
huele bien, pero cuando alguien se
aplica ese perfume y me pasa

serca siento que ese perfume es como agresivo y se quiere tomar el lugar para él solo.

Si mis amados hermanos si había más olores en el lugar después que llega esa persona que se aplica ese tipo de perfume mentolado como que ya no hay más olores en el ambiente, por que ese perfume se apodera de todo el lugar, yo siento que tengo que salir corriendo cuando alguien se aplica ese "Fabuloso" en verdad eso huele a puro "jabón de pisos", ese perfume se coge el lugar entero y yo tengo que buscar como hacerle la contra y no tengo con qué... Hay otros perfumes que huele a limón, o son frutales, huelen agradable, pero cuando alguien se aplica ese perfume yo siento que la mujer del lugar soy yo, porque hasta yo termino impregnado de ese olor

y es terrible tener qué aguantar eso.
Entonces son olores a los que uno
reacciona, por ejemplo si usted es
casado sabe que cuando su esposa
o su esposo se pone un perfume que
a usted le agrada, usted reacciona
positivamente, porque es que
esto le llega directo a la nariz y tú
comienzas a hacer las alucinaciones
respectivas con ese olor, porque
usted aunque no lo crea las
feromonas ya sean femeninas o
masculinas que emanan del cuerpo
y se mezclan con ese perfume,
son algo muy fuerte.

Entiendan no es con los ojos que
el hombre o la mujer se activan,
la persona que respiró ese perfume
y se dio una dosis de feromonas se
va a activar porque todo prende
por ahí mis amados hermanos.
Entonces es lo que quiero que
entiendan, ellos creaban una
atmósfera que activava la glándula

de los sacerdotes, porque los aceites de los perfumes transmiten mensajes subliminales.

Yo necesito que ustedes entiendan, que el sacerdote por estar expuesto tanto tiempo a lo que es el el olor de los aceites a este hombre le era fácil ver una visión, le erá fácil entrar en comunión con los sobrenatural porque es que el tipo estaba en un pleito entre lo físico y lo espiritual, como estaba tan drogado para él era fácil ver más y sentir más la visión porque es que vivía como en ese estado de consciente e inconsciente. Yo puedo decir que era modulando que estaba, por el incienso y los aceites, saben que ese aceite era para que el templo todos los días oliera a eso, por eso que dice Canela aromática, porque él vivía en esa dimensión aromática de conexión es porque está oliendo tanto aceite y tanto incienso.

Entonces por eso están en contra del asunto de la liberación de la mente y la conciencia y el asunto de la limpieza del cuerpo y el organismo.

Los científicos dicen esto:

"Si logramos calcificarle la glándula pineal a las personas podemos hackearles el alma."

Claro, porque con la glándula pineal es que los sentidos sobrenaturales están activos.
¿Entienden?

Por la glándula es que los sentidos están activos y el mundo espiritual y el mundo físico responden a la glándula pineal, entonces la glándula pineal está entre una frontera entre el mundo físico y el mundo espiritual.

Si usted no tiene la capacidad de entender eso entonces usted no va a poder saborear el mundo espiritual desde otro panorama.

Entienda que el sacerdote vivía quemando incienso, el sacerdote vivía derramando aceite aromático, en el templo siempre habían lámpara encendidas que al quemarse su aceite votaban aromas o sea hemos estado todo el tiempo expuestos a que la glándula pineal esté recibiendo esos olores.

Entiende siempre hemos estado expuestos por eso es que como él enemigo sabe que los olores uno los percibe no por las orejas si no por la nariz, es por eso que el enemigo diseño y te dijo en pandemia, mira desde el 19 hasta el 21 de tal mes es bueno que tú estés con esta mascarilla puesta, ponte este

tapabocas tantas horas y en tales
lugares, por qué lo que yo quiero que
se te meta en la sangre y para los
huesos lo que voy a poner en
esta mascarilla, en este tapa
bocas, en lo que los aviones se
preparaban para que después
que se acabe la pandemia mientras
tanto te vas llenando con estas fibras
y cosas raras que yo te puse ahí
en las mascarillas y tapabocas,
comienzas a respirar y a absorberlo.

Cuando usted hacía cada inhalación
y exhalación despegaba de la tela que
estaba compuesta de micro
partículas subatómicas que son
tóxicas,y que obligatoriamente
te decían tenias que usar en
todas partes.

En los aviones te decían:

"Si no es con esta mascarilla
puesta no puede ingresar al avión por

tanto no llegará
a su destino."
Ahora dime:
¿Por qué la mascarilla que traigo de
mi casa que hace lo mismo que la
tuya no la puedo usar y debo usar
la que me da la aerolínea?
¿Por qué la tuya protege
y la mía no?

Sencillo, porque la del aeropuerto
está programada para que durante las
tres o cuatro horas del vuelo
usted se esté dando una sobredosis
gratuitamente de lo que el enemigo
puso en esa mascarilla y quiere que
se te meta en tu glándula pineal,
en tu sangre, en tus huesos,
en tus órganos.

Entonces dicen algunos:

"yo no sé para qué predican esto,
si esto no tiene que ver con la iglesia"
Y yo pregunto

¿No tiene que ver con iglesia la vida física y espiritual del creyente?

Esto se desarrolla según la sanidad de la glándula pineal, la vida espiritual del creyente no se desarrolla por qué tú no tienes visión al mundo espiritual al mundo sobrenatural y esto no es porque tú no seas espiritual, o no tengas la fe suficiente, es que porque sencillamente el mecanismo dentro del cuerpo que se encarga de comunicarte con el mundo espiritual, el mundo sobrenatural está calcificado, esta bloqueado y se llama la glándula pineal. Jesús lo dijo la lámpara del cuerpo es el ojo y si el ojo es bueno todo tu cuerpo estará lleno de luz, pero si tu ojo es malo estará lleno de tinieblas. Porque tú no vas a discernir si lo que está entrando es bueno o es malo, tú vas simplemente vas recibir lo que sea.

Ahora usted me pregunta:

¿Profeta a mi que ya me hicieron no se cuantas pruebas de covid y me metieron no se cuantos hisopos en la nariz.... Profeta yo que use mascarilla toda la pandemia y me inyecte un montón de cosas raras que hago?

Mis amados hermanos, les voy a dar la solución.

Dependiendo de la cantidad de cosas que se inyectó en pandemia, coja y comase en ayuno una, dos o tres cucharadas de ACEITE DE COCO, ya sabe en ayuno, porque la Biblia dice que vuestro cuerpo es el Templo del Espíritu y si, el Señor requiere que el cuerpo este funcionando en su total plenitud y esplendor, el Señor no se moverá en el nivel superior, en un nivel sobrenatural, en un cuerpo contaminado.

Capítulo 6

Del mundo natural al mundo sintético

Ahora vamos a hablar del poder de cada uno de los aceites y cuál es el simbolismo profético, vamos a comenzar con la Mirra.

La Mirra tiene la peculiaridad que en su esencia es rojiza, si usted está comprando una Mirra que no es rojiza, que ni siquiera tira a marrón cuidado con esa clase de Mirra, porque la Mirra en sí es rojiza y es como una resina como si fuera gomosa, cuando está puro se ve gomosa. Cuando está cruda se ve como si fuera una especie de leche y se extrae de un árbol común de Arabia, el asunto de la Mirra es que es súper extra mega poderosa para embalsamar a los muertos, cabe resaltar que cuando Jesús murió las mujeres iban con especias aromáticas a ungir el cuerpo de Jesús no a embalsamarlo sino a ungirlo.

Esto nos da a entender que la Mirra aparte de simbolizar un aspecto de la adoración también representa la unción de la preservación, ya saben recuerden la Mirra representa la unción de la preservación.

Cuando usted unge con Mirra en lo profético usted está orando para preservar algo los matrimonios pueden ser ungidos con aceite de Mirra, los negocios pueden ser ungidos con aceite de Mirra, para preservar alguna atmósfera positiva que esté activa, si usted está seguro que no hay algún problema.

Pero si usted está pasando por una atmósfera de quiebra económica, de sequía espiritual, o en medio de un ataque de brujería NO LO HAGA.

Uno tiene que tener la revelación del Espíritu Santo, si a usted le mandaron un conjuro de sequía a su negocio o a su hogar y usted no tiene la gloria de Dios mi hermano y usted no tiene la visión y usted se pone a ungir con Mirra, pero usted sabe que usted y su negocio se están secando como un rabo de yuca usted sabe que le está yendo mal, usted sabe que las cosas no están bien y usted unge su negocio con Mirra, el significado profético de esto es que usted quiere preservar esta atmósfera de pobreza, de sequía, en la que está, entiende, porque usted está usando un aceite equivocado.

Entienda si usted tiene un problema de sequía económica y usted se pone de creativo y que comienza a ungir con aceite de Mirra su casa o su negocio, porque la Mirra huele bien usted está preservando la sequía economica, por que en lo profético la Mirra representa la preservación, pero si usted está en expansión económica en multiplicación financiera, usted puede ungir con Mirra por qué usted quiere que eso se mantenga y esto puede quedar así años, años y años porque ella es como una goma como un pegamento.

¿ Están entendiendo?
Entonces el aceite de Mirra es para preservar una gloria.

Voy a destapar todo lo que es de la Mirra por qué aparece de primero porque esto es realmente poderoso, la Mirra es que tiene demasiadas cualidades y como dije tantas cualidades y aceite en un aceite muy especial.

Este aceite de Mirra también es un estimulante sexual, tiene la peculiaridad la Mirra de que cuando a las mujeres de Dios y los hombres de

Dios se le apagaba la virilidad, sí cuando el "Fuego no quería arder en el altar" la Mirra desempeñaba ciertos factores estimulantes, yo no quiero decir afrodisíacos pero si estimulantes ...

La Mirra aparece de primero porque es como lo puro, cuando la Mirra recibe algo, eso se adhiere a ella y lo atrapa.

Entiende todo lo que entra en esta unción de la Mirra lo atrapa y se queda, por eso es que la Mirra lo que hace es preservar la atmósfera está entendiendo.

Pero entienda bien no es que usted va a ir y se va a dar un trago de aceite Mirra ... por qué:

" ♫♪ yo te extrañaré tenlo por seguro yo no te mandé a que te dieras un trago de ese aceite, en la

Meka a ti te enseñaron que tú tenías que poner atención, para que no te lleven a la funeraria tieso como un tizón ♫♪ "

Necesitan entender que esas son propiedades derivadas.

Entonces no se vaya a dar un trago de ese aceite yo ya lo advertí.

El asunto de los que ministran en la Mirra, en la atmósfera de esta unción de la Mirra tienen la capacidad de multiplicar cosas y de hacer que cosas prosperen.

Ellos transmiten esa Paz transmiten esa esa atmósfera de armonía los que están bajo esta unción son gente con la que tú siempre quieres estar, son gente que tú te le quieres pegar que tú quieres estar todo el rato con ellos, tú no quieres despegarte, y siempre los vez bien, los vez prósperos en abundancia, en paz, están en esa unción, ellos tienen esa gracia tienen esa combinación que tú dices:

"No sé que es, pero esta persona maneja una energía una atmósfera rara que uno quiere tener y estar escuchando y hablando con esta persona"

Ustedes sienten la necesidad de que esa persona le diga algo le ministre algo porque sabes que cuando esa persona le habla, sientes como que se activa algo.

Cuando estas a punto de "colgar los tenis" y morirte cuando estas mal pero mal, mal, mal y esa persona llega y te libera una palabra de bendición y tú dices ¡¡ Wow, yo no voy a morir regresa la caja de muerto ya me he levantado otra vez¡¡

Está entendiendo esas son las personas que ministran con la Mirra y esta unción de la Mirra hacía falta en el tabernáculo para preservar la presencia, para preservar la atmósfera porque el problema es de de muchos ministerios y muchos ministros que tienen una unción turística y una atmósfera turística ¿ y qué es eso Profeta?

¿ Que es un turista? Un turista es alguien que va a un lugar de visita, va disfruta del lugar y luego se va.

Esas son las atmósferas turísticas de algunos hombres y mujeres de Dios que empiezan muy bien pero el fueguito que consiguieron nada más le sirve para ir los domingos a la iglesia.

Es que si usted nada más se goza los domingos es de los de la unción turística sí nada más en el culto te sientes presencia, nada más en el culto sientes poder, esa es la unción turística, usted es uno más, un turista del mundo espiritual, son los domingueros.

Pero el que camina con la Mirra preserva la atmósfera es lo mismo afuera y adentro del templo porque no depende de la unción que diga el Profeta de la iglesia o de la unción que tenga el pastor, no él tiene su propia atmósfera porque el preserva lo que él recibe lo preserva no pierde la comunión, no pierde la unción, no pierde los sobrenatural, es decir, está conectado a esa unción porque está en el manto de la Mirra.Ya yo le expliqué la propiedad o sea cuando se pegó se pegó, cuando habló habló, porque tiene esta cualidad suprema en el mundo espiritual para evolucionar atraer y cuando atrae establece y retiene.

Por eso estoy diciendo NO se ponga de creativo, si usted sabe que tiene un problema si usted sabe que tiene alguna situación negativa alguna enfermedad, no se ponga a ungir con aceite de Mirra porque usted va a aplicar la activación profética de lo que representa la Mirra.

Primero ustedes tienen que hacerse una evaluación, tienen que mirar cuál es la condición en la que se encuentran porque si tienen un demonio, una brujeria encima y saben que el aceite de Mirra es una goma, que va a ser que eso se pegue más a su Espíritu.

Hermanos después a mí no me echen la culpa porque usted yo le estoy diciendo, no se ponga de creativos en estar comprando perfumes raros, aceites raros, inciensos raros, porque es que el manto de la preservación es el manto

de la Mirra de por Dios, hermanos el
manto de la preservación al muerto
cuando estaba tieso le echaban
la Mirra ¿Sabe para qué?

Para que no se pudriera, para que el
cadáver se mantuviera preservado.

Ahora sea prudente por que hay
perfumes que usted se está
aplicando que posiblemente tengan
Mirra en su contenido, es posible
que usted tenga en ese perfume
una buena cantidad de Mirra por que
usted es un loco o una loca que por
darse su gusto de comprar su
perfume usted ni revisa de que esta
compuesto, no sabe lo que se está
aplicando encima, solo le huele rico...

Pero en la composición de lo que
usted se está aplicando puede que
este la respuesta de las preguntas
que usted se hace ...

¿Por que sera que yo no
me quito esta sal?

¿Porque sera que me va tan mal en
los negocios, en mi vida, en mis
relaciones, es como si la sal
no se me va de encima?

Pero a lo mejor es el perfume o esa
crema o todas esas cosas raras
que usted se aplica ...

Y a lo mejor eso está saturadisimo de
Mirra y usted ni cuenta se ha dado,
entonces es posible que usted se este
autosaboteando preservando
la soltería, la ruina, la soledad,
la pobreza, la depresión, la brujería,
la maldición, la enfermedad y todas
las diabluras que le hicieron ...

Entiendan mis amados, la unción que
tenía Adán para preservar el mandato
divino para el cual él fue establecido
en el huerto, cuando Adán pecó esa

unción salió de él y se escondió en el árbol de Mirra, lo que el Padre e está haciendo cuando manda a reunir estos cinco componentes, está combinando los cinco árboles que guardaron la unción que salió de Adán, para crear otra vez la presencia que Adán perdió en el huerto, para crear la atmósfera de la presencia en del Tabernáculo en lo que el verdadero tabernáculo llegaba.

Porque recuerde que esta unción era exclusivamente para el tabernáculo y para Aarón porque Aarón había desafinado con un pecado que ya vimos en páginas anteriores que cuentan el error que el cometió más atrás y por eso el y su familia estaban podridos, estaban malditos, estaban corruptos, estaban descarriados y no le iban a dejar pasar esa ofensa de gratis, por eso ustedes ven que con ese aceite ungieron a Aarón y a toda su descendencia.

Entonces aquí hay otro código, ese tabernáculo era el tabernáculo de madera, de tela y de oro.

Pero hacía falta otro tabernáculo por eso es que cuando Jesús se para frente al templo Jesús dice:

"yo soy el camino, yo soy la verdad, y yo soy la vida"

Pero ustedes tienen que entender algo, el templo tenía tres puertas, los atrios, el lugar Santo y el lugar santísimo.

La puerta de los atrios se llamaba el camino, la puerta del lugar santo se llamaba la verdad, y la puerta del lugar santísimo se llamaba la vida, entonces cuando Jesús se para frente al templo a los escribas y a los fariseos y Jesús dice yo soy el camino la verdad y la vida Jesús está diciendo Yo soy las tres puertas Yo soy el atrio, Yo soy el lugar Santo, yo soy el lugar santísimo, nadie va al Padre Si no es por mí.

Recuerden que a través del Tabernáculo era que los hombres iban al Padre, sacrificaban animales para poder ir al Padre, Jesús dijo Yo soy el el tabernáculo que se mueve, soy el tabernáculo que se mete en medio de los hombres, Yo soy el tabernáculo que no lo pueden hacer estático, yo tengo las tres puertas, Jesús era símbolo de ese tabernáculo, era símbolo del próximo tabernáculo que se iba a manifestar, que era el reino andante. ¿Están entendiendo?

Entonces esto era el simbolismo pero el tabernáculo volvió a recibir aceite porque las mujeres iban a la tumba de Jesús a echarle todos esos aceites que el sacerdote ponía en el templo, porque era el templo.

¿Ahora quién le dijo a las mujeres que ese cuerpo había que ungirlo?

Nadie se lo dijo, fue un acto de revelación que solamente se le reveló a las mujeres y estoy celoso, voy a confesar que estoy celoso con todas las mujeres, ya lo dije estoy celoso, porque esto nada más se le reveló a las mujeres, a los hombres no se nos reveló esto con Jesús.

Estoy celoso, pero había una tipa que era una bandida una delincuente una prostituta, que se metió en la casa de Simón El fariseo y quebró un tarro de alabastro y le ungió los pies al Maestro.

¿Pero quién le reveló?

¿Quién le reveló a esta mujer que ese que estaba en la casa de Simón era el templo andante?

¿Quién rayos le reveló a esa mujer que eso que estaba donde Simón no era un hombre y que era un templo? y a los templos hay que que ungirlos por que a los templos es que la gente va y llora y tira la lágrima y los mocos y las babas, mi alma alaba
La gloria de Dios.

Entienda que como ella era prostituta no le van a dejar meterse el templo a tirar ese aceite, entonces como ella encontró un templo que caminaba, un templo que se movía entonces arrancó y violó las reglas, porque se metió en una casa que no era de ella, !!! Fíjate lo bandida y lo delincuente que era esta mujer ¡¡¡

Que tuvo el valor de meterse en una casa de un tipo que tenía rango en el pueblo, sin importar que le den par de pedradas y peor aun, no solo tuvo el descaro de entrar en la casa, si no también quebro un alabastro y embarro aceite encima a alguien que estaba como invitado en esa casa mira el atrevimiento ...

¿Pero diganme ustedes quien le reveló a esa mujer que lo que había en la casa de Simón no era un hombre si no que era un templo andante?

Por eso es que a la mujer no se le pueden enseñar muchos códigos, porque cuando ellas se meten en lo profundo, ellas encuentran cosas que a uno de hombre no se le revelan.

Para la muestra el siguiente ejemplo, sea o no favoritismo pero a Adán lo hicieron delante de todos los Ángeles y los querubines y todo el mundo... y dijo Dios hagamos al hombre a nuestra imagen y semejanza y sin misterio delante de todos lo hicieron, pero a Eva no, con ella fue diferente.

Le arrancan una costilla a Adán y el Dios se va quien sabe a donde con esa costilla a crear a Eva y ya cuando vino de allá de donde se fue, regresó con esa "creación" y le dijo a Adán toma, resuélvete con eso ahí como tú puedas... y le dejó a Adán ahí ese problema en el huerto y listo hasta el sol de hoy nada más Dios sabe de donde como creo y formó esa creatura, o cómo configuro ese espécimen llamado mujer, pero es tan fuertelo que digo que le voy a poner otro ejemplo.

Dígame usted en el momento que Jesus resucita, ¿a quien es a la primera creatura que se le aparece el Señor?

Fácil amados la respuesta es a las mujeres ... a la primer creatura a que él va y se le aparece es a las mujeres.... ninguna de esas mujeres a las que se le apareció era apóstol, ninguna de esa mujer era discípulo de Jesús ...

Y yo digo, ahí estaban los 12 Apóstoles, Juan el discípulo amado, estaban todos ahí... bueno los once porque judas estaba colgado ...
ya tu sabes ...

Pero se le presentó fue a las mujeres...

Ya enserio amados no es que yo soy celoso, eso era en broma, porque el Señor me hizo libre de ese celo de mi alma que yo tenía en contra de las mujeres, pero hay como una vuelta rarísima con esa especie femenina ...

Entonces uno tiene que aprender a tratar con con esa especie rara que no sabemos de donde la trajo Dios ni como la formo, ni que paso, ahí falta un pedazo de la historia.

¿Me están entendiendo?
Porque si ellas se ponen creativas echan a perder la creación literalmente.

¿Porque usted cree que Jesucristo no tuvo mujer?

Está claro, miren mis amados hermanos donde Jesucristo hubiese tenido mujer todavía estuviera por ahí cogiendo lucha con ese espécimen, porque cuando a Jesucristo le de por decirle a la mujer que él tiene que irse a morir por los pecadores, ella sin pena le va a decir lo siguiente:

"Mire Jesús aquí usted no va a morir por nadie, dígale a su papá que mande otro, que usted es mi marido y que usted no va para ninguna cruz del Calvario, dígale que usted no va para ninguna parte"

Y lo encierra en la casa y lo pone a barrer o a lavar.

Óyeme y nos perdemos todos, si es por esa mujer nos perdemos todos y Jesús no muere por nosotros.

Por eso Dios dijo mejor que mi hijo muera soltero, que no tenga un ancla de esas y tú vas y cumples tú papel hijo no te enamores ni nada.

Literalmente es que la mujer es una de las cosas que el diablo más ódia, porque cuando Adán pecó y llega Dios y preguntar
¿Qué pasó aquí?,

y Adán dice la mujer que tú me
diste me engañó.

Mis amados yo me imagino que Eva
le dijo a Adán así:

"¿Que es lo que dices Adán,
delincuente, entonces
fui yo la que te engañé?"
Yo me imagino a Eva ya llena de
maldad con toda la rabia encima
cuando Adán le dijo a Dios "No Señor
la mujer que tú me diste me
involucró, me engaño y no
pude con ella..."

Imagínate la cara que le hizo Eva a
el pobre Adán cuando
dijo ella me involucró.

Eva dice:
-¿Que yo te engañé a ti?
¿O sea que yo soy la culpable?

Sí, porque se se victimizan,
ellas se victimizan ...

Pero dice Dios ven acá Eva,
¿Entonces tú hiciste que tu marido se
comiera la fruta prohibida?

Dice Eva al Señor no, no , no
espérate las cosas no son así Adán
no te explicó bien.
Y aquí es que al diablo le dio una
rabia y una ira sobrenatural cuando la
mujer culpó a la serpiente, cuando la
mujer le dice:

"No Señor Mira te puedo explicar
cómo fue el asunto, aquí fue la
serpiente la culpable de todo
el asunto."

Por eso las mujeres son el ser que el
diablo más odia porque el diablo es
culpable desde que la mujer lo hizo
culpable allá en el huerto del Edén.

La serpiente no estaba castigada pero le dieron un juicio adelantado por la boca de una una mujer que la acusó y por la por la boca de Eva le dijeron a la serpiente, tú te vas a arrastrar mientras tengas vida.

Y ahora cada vez que el diablo anda comiendo polvo por la tierra es por culpa de una mujer.

A Adán lo mandaron a picar toda la caña del horizonte, le dijeron hijo ahora ve y mantén a tu mujer con el sudor de tu frente y que ella se faje a pelear con la serpiente porque entre ellas dos se entienden mejor.

Yo no voy a hablar más de ese tema ... entonces hermanos si ustedes saben que tienen su problema y ustedes tienen un perfume que son adictos a ese perfume, revisen a ver cuáles son las composiciones de ese perfume.

Hermanos que están en la ruina, usted hermana que está más abandonada que un queso viejo, mire a ver si ese perfume o esa crema que usted se aplica tiene Mirra, busque una cosa que no tenga composiciones con Mirra para que no esté preservando la atmósfera negativa y de sequía que tiene, investigue ahora si usted está usando algo de Mirra ya sea el aromatizante de su pebetero su perfume sus cremas lo que sea sáquelo de su vida ...

Ya ustedes saben que si están en mala situación puede que sus mismos perfumes le estén ayudando a permanecer así porque cada olor cada sustancia tiene un aplicativo en el mundo espiritual.

Para los que no saben que es un Brille, es una fiesta de palo, una fiesta para los demonios que hacen los dominicanos, sabemos que ellos tienen su botánica y cada demonio tiene su agua Florida, los demonios mandan cosas de agua porque los demonios saben que esos colores responden a una reacción espiritual, en los rituales se usan perfumes porque las entidades malignas le gusta andar con unos perfumes que huelen como a gasolina podrida, porque a esos demonios también le exigen a los cuerpos en lo que ellos viven tener ciertos perfumes, para poder habitar más fácil, usted ve que hay gente que le gusta mucho un color y lo usan para todo para la ropa, el carro etc, hay gente que le gusta mucho un solo perfume y no lo cambia pero usted no sabe que ese gusto no es suyo puede que haya una entidad que le esté provocando que

usted sea dependiente
de usar ese perfume.

Yo quiero que usted entre a una
atmósfera sobrenatural, quiero
que usted después de estas
enseñanzas usted unge su casa
con el debido proceso está
entendiendo llegó la gloria a su
casa use la unción del manto
de la Mirra pero si la atmósfera
no es favorable no se
ponga de creativo.
¿Cómo así creativo?

si, investigue cuáles son los
componentes de las cosas que
usted se está poniendo, Investigue
los componentes porque puede ser
que con algún producto usted esté
dejando una puerta abierta al
enemigo, recuerde que hay puertas
conscientes y puertas inconscientes.

Recuerde que hay cosas que nosotros las llamamos y otra que vienen solas, sea sabio.

Vamos con la Canela Aromática:

Esta se extrae después, ya que hay una Canela que es de cáscara y hay una Canela que se extrae directamente del tronco entiende esa se extrae pelando y frotando las ramas y se usa es la rama molida se utiliza ampliamente en comida y entera se utiliza para adornar y sazonar algunos platos.

La Canela era una especie relajante que se usaban en rituales para dormir a los niños.

Entienda un ritual con la Canela para dormir a los infantes, pero le advierto no se pongan creativas o creativos con los niños porque esto era un ritual que se hacía para que

los niños durmieran, pero a través
de este ritual cuando el niño dormía
por el té de Canela, se hacía para que
él tuviera revelación y tuviera
conexión con los mundos espirituales
los mundos de arriba, porque
la bendita Canela excita
la glándula pineal.

Señor agarra la mano de todos los
hombres y las mujeres que están
leyendo esto y que tienen muchachos
chiquitos y las suegras que atienden
muchachos chiquitos que no
les den té de Canela, sin el debido
proceso que no violen el conducto
regular, que se sometan y agarren
la enseñanza por favor gracias
hermanos por su obediencia.

Ya que usted no sabe el ritual,
yo quiero que ustedes lo
entiendan, los israelitas allí ellos
recitaban torá ellos recitaban
nombres recitaban cánticos y

cantando asuntos de torá y su lenguaje, entonces el niño dormía bajo un cántico, bajo su dosis de Canela se decía que ese sueño no era un sueño común y corriente sino que él iba a ejercitar su nefesh y su neshamá, su alma inteligente esto es como para cuidarlo de malicias de que cosas malas perturben los sueños, porque aunque usted no lo crea hay reacciones en el mundo físico que fueron producto de un sueño o una pesadilla que algún Infante tuvo.

Esto se guarda en el inconsciente y este recuerdo es inconsciente pero el consciente poco a poco lo va plasmando hasta que comienza a funcionar en la realidad.

Entonces yo sé que cantidad de Canela es que hay que darle, yo sé cómo es la porción y también sé que en los adultos es fuerte porque en los adultos también puede funcionar el Te de Canela, pero tienen que estar un poquito descalcificado de aquí arriba de la glándula pineal.

¿Y cómo podemos descalcificar la glándula pineal?

Eso se logra después de tener ya tiempo ingiriendo los jugos verdes que siempre recomendamos.

Hay muchos que han dicho que un baño de ruda, pero tenga cuidado hay un Espíritu que trabaja con esa planta con la ruda y hay gente que se dan su baño de ruda y hay demonios que trabajan con esa planta por eso le dije La Biblia es un manual que te enseña sobre todas las cosas, todo lo que no venga de Dios viene de las tinieblas.

Las mujeres que tienen problemas con la menstruación, el Té de Canela tiene la capacidad de arreglar todo eso que se le retrasó y no le llegó ...

El Té de Canela es sobrenatural puede corregir todas esas irregulares, bendito sea el nombre del Señor Jesús.

Todos esos órganos que usted tiene dañados ahí en la fábrica de muchachitos en esa fábrica de niños que usted tiene ahí, que se le dañan las piezas y que a veces no le funciona como debería, eso el asunto profético que está en la Canela le ayuda a que usted sea una mujer sana y fértil de nuevo instantáneamente si usted aprende a hacer el uso correcto, es posible que entienda el poder sobrenatural que tiene esto.

Señores yo no soy curandero yo
solamente hablo de los usos
y las costumbres de aquello
que usted ve cotidiano.

El Aceite de Canela también es un
cicatrizante, asi es, muy bueno para
cicatrizar, tambien la Canela
sirve para tratar la diabetes,
la hipertensión, créame que eso
les ayuda mis amados hermanos.

Yo ya le mencioné más atrás en
este libro que no soy curandero,
yo soy un Profeta de Dios que
estoy trayendo luz a través de cosas
que no puedo hablar abiertamente en
el canal de Youtube, o de Facebook
ya que si lo hago me censuran y
pueden hasta cerrar el canal.

Así es el tema de la censura ya que
a las Farmacéuticas no les conviene
que se releven estos códigos, así que
son temas que quisiera hablar pero

debemos cuidar los canales, asi que esos temas los estaremos tratando en los seminarios donde podemos hablar mas abiertamente de esos temas. Es importante que ustedes puedan entender lo que puede hacer este aceite sí lo que pueden manifestar.

Entonces amados hermanos para ustedes puedan abrazar a profundidad todo lo que estamos hablando es importante que entiendan que cada aceite tiene sus usos.

Entonces este este asunto es demasiado importante que ustedes tengan en su mente el debido uso de estas cosas, para que ustedes puedan sacarle el beneficio que realmente las cosas merecen, ustedes necesitan entender que todo Dios lo creó con un propósito.

Recuerden que el libro de Enoc
dice que cuando los ángeles
descendieron hubo un ángel que le
enseñó a la mujer los secretos y
misterios de cómo usar los árboles
y las plantas medicinales, y no
solamente para eso sino cómo
hacer conjuros con las plantas y
cómo bloquear conjuros solamente
con las plantas.

Entonces, yo quiero que ustedes
en su sana conciencia entiendan
qué hay tantos misterios, hay tanto
poder en la naturaleza, demasiado poder que el enemigo nos sacó del mundo natural y nos hizo vivir
a todos en su mundo sintético,
por eso yo siempre les voy a decir
a ustedes que los indios no
se enferman, pueden morir
de accidentes o que se los comió
una fiera, pero mientras ellos están
en la selva, en sus bosques,
los indios no se enferman,

pero traigalo a una ciudad y va
aver como se comienza a apagar
y a enfermar, porque el agua y el aire
de la ciudad les hace daño...

¿Por qué razón?

Porque ellos no están acostumbrados
a consumir Flúor y toda la cantidad de
químicos que nos meten a
nosotros desde niños a través del
agua, la comida y de cualquier
otra cosa.

Tengan muy en cuenta que la Canela
representa en el mundo espiritual el
fuego purificador de Dios.

¿Ustedes sienten que es su
propia casa y no pueden estar ahí
con la luz apagada porque les da
miedo, sienten una presencia
extraña en su propia casa?

Unja con aceite de Canela y espiritualmente hablando es como si le pusiera fuego con ese aceite de Canela, y todo portal o entidad que le genere ese miedo o esa sensación de malestar tendrá que irse del lugar ya que ese es el escenario de un portal que hay abierto en su casa.

Si ahí ustedes sienten en esa parte de su casa ese frío raro, ese miedo, sienten en esa parte que no pueden cruzar, o incluso hasta lugares en el barrio, esquinas, parques, callejones, curvas, cruces o pedazos de la carretera que ustedes sienten ese miedo ustedes sienten esa presión de inseguridad, es porque hay un portal activo, hay un portal abierto o una entidad maligna que habita, vive ahí y ustedes lo están sintiendo y lo están experimentando.

¿Y como ustedes lo están experimentando mis amados hermanos?

Podríamos decir que el sensor de miedo que se disparó es tu alma la que te está diciendo con ese miedo !!Cuidado¡¡!! Alerta¡¡

Porque por ahí está pasando algo raro, que tus ojos físicos no ven, pero ese miedo que tu alma está manifestando en ese lugar, sea en tu casa o en la esquina de la calle etc.

También se presenta el caso de hay casas que usted visita ya sea de una amigo o familiar que practica o es devoto de brujeria o santeria, y aun así usted va hacerle la visita y usted va y se bebé el té, el jugo y hasta el cafecito con esa persona.

Pero cuando usted llega siente que esa casa es una casa con la energía

pesada, el ambiente raro, se siente
como algo raro en esa casa, hay una
atmósfera de pleitos y después
con algo que le cuentan a usted
le confirman lo que sintió
cuando llegó a ese lugar.

Esto sucede porque inocentemente
ustedes se conectan a una
frecuencia con el alma,
que discierne las energías
que se van plasmando en el
ambiente y esa energía va y se
plasma en las paredes, en los
muebles porque la intención de
un enemigo es acumular tanta
energía negativa en el mundo,
comenzando por los pleitos y por las
batallas de su casa que quedan
plazmadas energeticamente en las
paredes porque él quiere formar
en su casa un templo donde él mal
pueda habitar, un templo donde
la discordia, la ruina, la envidia,
el rencor y todo lo malo pueda

entrar y perdurar ahí.

Es por eso que cuando nosotros ungimos, le ponemos aceite a las paredes y a las esquinas, para descontaminar y darle un un aroma agradable a ese lugar y que suba ese aroma como un cántico de alabanza de olor fragante.

Hoy quiebro mi alabastro, es decir, debemos ser la contra a lo negativo que en el mundo espiritual se está plasmando, porque yo les voy a decir algo, que dos personas vivan peleando, discutiendo y en discordia en todo momento, como perros y gatos, esa es una manifestación tangible de las tinieblas, es el fruto de las enviaciones que han realizado en su contra.

Y cuando en el hogar comienzan a faltar al respeto y a lanzar malas palabras científicamente está comprobado que las paredes y los objetos tienen la capacidad de grabar la frecuencia, en este caso se graban la frecuencias de las discusiones, de los pleitos, de las envidias, de los rencores, todas esas frecuencias se quedan impregnadas, la frecuencia de la tristeza y la melancolía se pega en todo el lugar y después usted está en medio de esas frecuencias la mayoría del tiempo y es por eso que se enferma y anda en depresión todo el rato.

¿Dime porque la radio no tiene la misma energía que tiene tu voz?

Porque el radio es un aparato y es inerte es decir no tiene vida, está muerto, pero tú a diferencia estas vivo, por eso cuando tú hablas tú tienes el poder de establecer o de romper de quebrantar.

¿Están entendiendo?

Ustedes que han vivido como
perros y gatos con su Esposa o
su Marido o su Familia, o tiene
batalla en su casa, o con su vecino,
sepa que su casa está llena de esas
fuerzas contrarias, sepa que su casa
es su templo, su castillo, su búnker,
donde sus cuerpos viven y donde
viven sus cuerpos, viven sus almas
y donde viven sus almas viven sus
Espíritus y donde viven sus Espíritus
está el recipiente de todo el Ministerio
el cual Dios quiere usar.

A la hora de que tú quieras fluir con
ese don con ese llamado, cuando el
don sale para manifestarse vuelve
y se esconde porque encuentra
una atmósfera negativa dentro de
tu propia casa que no le permite fluir,
entonces ahora la pregunta es:

¿Por qué Profeta en la iglesia
siento gloria, por qué en la iglesia
siento la unción, el Espíritu santo
me toca, siento el fuego, la candela,
hablo en lenguas, danzo en
el Espíritu, pero cuando
llego a mi casa no siento ni
la ropa que tengo puesta...?

Está claro es que su casa está llena
de la basura energética que usted
mismo le pegó cuando comenzó
a manifestar todas esas malas
palabras y malas actitudes,
porque hay algunos siervos y
siervas del Señor que dicen aleluya,
aleluya, aleluya, en la iglesia pero
afuera en la calle tienen una
lengua más larga y mantienen
diciendo malas palabras a cada rato,
personas con la boca llena de
basura, chisme, murmuración, ya
saben si sienten una pesadumbre
es que su casa está sucia, es que
en su casa vive otra presencia que

no es la de Dios. Les voy a decir algo
si ustedes quieren tener intimidad
con su Marido o con su Esposa,
no se vayan a un Motel o a esos
sitios raros que se prestan para esas
cosas ... no vaya por allá deja esa
creatividad y usted me dirá

"Hay Profeta es que en los moteles se
prestan porque hay ciertas cosas que
uno no las puede hacer
en la casa..."

Le estoy advirtiendo después no
digan que nadie le avisó, que nadie
le dijo nada, se lo repito para el Motel
no vaya, porque el Motel está lleno
de las energías de todas aquellas
parejas que han estado teniendo
intimidad antes que usted,
ahí mismo en ese lugar.

Entienda lo que le voy a decir,
después de usted ir a un motel,
y usted era un hombre o una mujer

que era seria, de su casa y va a este lugar a encontrarse y a impregnarse de la energía de otras mujeres que son malas o que son promiscuas, igualmente los hombres que pasaron por ahí, cuando viene a ver usted también al hombre le van a empezar a nacer gustos y atracciones raras por otras cosas que no sentía antes...

Lo que sucede es que usted absorbió la energía de un lugar sucio donde la gente va a complacer los más bajos deseos y los más bajos instintos de la carne.

Tengan en cuenta mis amados hermanos que cuando usted está teniendo intimidad con alguien, usted está abierto como una sábana a recibir toda la energía de ese hombre o de esa mujer y junto con la energía que ya le está transfiriendo se van a

transferir todas las energías de
las demás personas que estuvieron
en esa cama, se le van a transferir
todos los adulterios, las
fornicaciones, las transgresiones,
todas las aberraciones,
las humillaciones, los adulterios etc...

Si alguien que practicaba la brujería
hizo algún ritual, una consagración
en ese Motel todo eso también
se le va a pegar y también
a la persona con quien fuiste....
Por eso es que el hombre y la mujer
sabia unge, prepara, califica, adorna,
un lugar santo si va a estar con su
esposa o su esposo.

Ahora todos esos hombres o esas
mujeres que están ahí dando sus
vuelticas para el motel, a escondidas
de la esposa o del marido, y después
andan con un dolor de cabeza, ahora
están lidiando con un dolor en algún
lado que no se le quita, ya sea de

los ovarios, o donde sea, ahora tiene
una batalla con algo en la piel,
o algún lío de salud por
estar allí metidos.

O si ustedes me dicen,
¿Profeta que hago?

Yo que me fui con mi novio o con
mi novia a un Motel y ahora
andamos en problemados,
con una enfermedad o un
muchachito, por andar de
creativos por qué no esperamos
en Dios y nos desesperamos
y nos fuimos a un motel...

Buenos mis amados hermanos
ustedes van aprendiendo porque es
que ustedes absorben la energía,
ustedes son un campo magnético que
atrae y repele energía.

Ahora ustedes me dicen:

"Ay Profeta ahora que usted habla de eso yo recuerdo que yo una vez me fui con fulanito de tal a tener intimidad a una cabañita, Hay Profeta después de ahí yo no he vuelto a hacer la misma ..."

Si usted se siente mal energéticamente, espiritualmente, después cometer ese error, es por que usted es un hombre de Dios una mujer de Dios y se ve afectado por las energías de ese lugar que es de nivel energéticamente bajo, eso pasa si usted es de ministerio y tiene un llamado en Dios, porque si usted es una lagartija viviente, si usted es una iguana con falda o un cocodrilo con corbata, una persona que no tiene llamado de Dios, ni responsabilidad en el Espíritu, viva su vida como a usted le dé la gana que después de andar en motel no va a sentir

nada ni le va a pasar nada,
por que usted no es de
peligro para la oscuridad,
usted ya hace parte de
la oscuridad...

Pero si usted es de Dios que
anhela ministerio, que anhela
llamado, que anhela que Dios lo
use, usted no puede estar visitando
esos lugares, usted no puede
esperar que le pasen quince días sin
usted soltar par de ungidas de aceite
santo en su casa, en las paredes en
las esquinas.

Ustedes sabian mis amados
hermanos que los ángeles van
a veces a visitar su casa,
ellos van a llevarle mensajes,
dones, regalos del cielo ...

¿Y dime que encuentran los
ángeles cuando llegan?

¿La casa llena de pleitos?

¿Llena de disparates?

¿Llena de malas palabras?

¿Llena de anatemas?

¿Llena de imágenes de santos?

¿Tú crees que él ángel mensajero
va a estar cómodo en tu casa?

¿Va a poder al menos entrar?

Creeme que no, pero cuando
santifiquen el área, consagren el
lugar, unjan con aceite y las
vibraciones en su hogar sean de
amor, de paz, de alabanza,
los angeles podrán modular con
ustedes porque estan en la misma
frecuencia, pero utedes no pueden
modular con la luz y la tinieblas
a la vez.

Recuerda lo que dice la escritura en
Apocalipsis 3:16

*"Pero por cuanto eres tibio, y no frío ni
caliente, te vomitaré de mi boca."*

Es por esto que un hombre de Dios o
una mujer de Dios que se respete tiene que preparar su atmósfera,
su lugar tiene que estar santificado,
necesita que ustedes estén
preparados, ¿me entienden?

Deben aprender a usar estas
herramientas para modular su casa.

La mayoría de ustedes se congregan
en la iglesia y sus pastores no les
van a enseñar a pelear con los
demonios, a cerrar portales,
no les van a enseñar a evitar
ser víctimas del sistema del
AntiCristo, del del proyecto Bluebin,
de todo eso que viene...

A ustedes los están preparando es
para que sigan diezmando, sigan
ofrendando, sigan pactando,
y sigan dormidos.

A ustedes no los están preparando
por si viene el caos, diciéndole
preparen lugar en el monte,
a ustedes no les están
diciendo que guarden granos,
a ustedes no les están diciendo
que guarden agua.

A ustedes los están preparando para
que sigan siendo un "miembro del
Señor", pero a mi el Señor no me
mandó a buscar miembros,
el Señor me dijo haga discípulos,
crea guerreros, crea gente que se le
pare al sistema y digan:

¿Qué es lo que tú te
crees satán?

¿Que aquí no estamos en pie
de guerra y no oramos?

¿Que aquí no hay un Dios que
vive y reina?

¿Qué es lo que te pasa diablo?

¿Tú crees que todos somos unos
zombies del sistema?

Gente así fue que me mandó Dios
a preparar, no un grupo de
charlatanes brincones en las
iglesias y bailadores de coros,
no eso no, aquí requerimos gente
que cuando vayan a orar es a orar,
cuando vayan a predicar es a
predicar, gente que cuando se diga
vamos a reprender es a reprender,
no que se reúnen a tomar café y a
contar chismes, aquí requerimos
gente que no tenga miedo,
gente que no le pese la lengua
para decirle la verdad al en la cara

al diablo, esa fue la gente que Dios
me mandó a preparar.

Lo siento si te sonó a regaño pero
aquí no le vamos a pasar pañitos
tibios, aquí no le vamos a decir
que si pactas con una ofrenda de
$1000 dólares ahi si Dios te va a
bendecir, aquí tú no vas a
encontrar eso.

Porque aquí no vendemos los
milagros aquí no vendemos
la profecía aquí no vendemos la
palabra, ustedes dan desde la
voluntad de su corazón,
si Dios los tocó y Dios los bendijo
y ustedes también quieren bendecir
a alguien, hágalo de corazón,
no esperando recibir un beneficio, ni
esperando que se le multiplique, o
que lo hagan famoso como los
influencer de hoy en dia, mejor aplica
Mateo 6:3

"Más bien, cuando des a los necesitados, que no se entere tu mano izquierda de lo que hace la derecha"

Qué es lo que yo vendo, esto que tienes en las manos, mis libros ¿y por qué?

Porque esto no lo imprimen gratis, ahora, el día que las impresiones y las tintas y el papel sean gratis, ese dia libros gratis para todo el mundo.

Dejando claro eso continuamos con el asunto de las energías, ya que esto es muy real y la energía se traduce como influencia.

¿Y qué son las influencias? Vamos a poner un ejemplo:

A veces las personas van a visitarlo y usted sabe que esa persona mueve los jarros, lee el tabaco, la taza del chocolate en fin hace sus cosas ... y normal esa persona va a su casa y usted lo recibe como una visita normal como todas, porque usted se considera una persona moderna que es tolerante y no juzga a nadie por su religión o su sexualidad ....

Bueno eso será usted ...

Pero si usted me pregunta a mi al Profeta León y yo sé que una persona asi va a mi casa y hace ese tipo de cosas raras o tiene malos vicios, malas mañas o malas prácticas ya sea sexuales o algun tipo de prácticas paganas, o esas prácticas raras ...

Usted puede estar seguro, que en ese mueble donde se sentó esa persona inmediatamente esa persona salga de mi casa yo le voy a hacer un exorcismo a ese mueble al instante y cualquier entidad o cualquier demonio que haya dejado ahí, yo lo voy a arrancar y lo voy a quemar con mis aceites.

Mire y si esa gente que usted recibió en su casa usted la ve moviendo mucho los pies como sacudiendo los zapatos y que se sacuden los pies en su casa, tengan cuidado mis hermanos, hay un polvo exclusivamente que se deja en los hogares, es un polvo de muerto, que se lo dejan así cuando se sacuden los pies y se lo dejan en su casa y usted no sabe qué maldición del están dejando o que enfermedad le quieren dejar a usted o a sus hijos, a su esposo, o a su familia, o si le quieren sembrar una crisis.en algún aspecto de su vida.Usted desde que se va esa visita siente el ambiente pesado y como se estancan las cosas, si todo venía fluyendo bien, venía una bendición y usted desde

que le contó a esta persona o vino a
visitarlo todo se estancó y empezó a
complicarse todo el asunto es porque
dejaron un polvo de muerto, o alguna
mala energía o entidad en su casa.

Por eso usted tiene que ser
prudente con quien deja entrar a su
casa y después que se va "la visita"
tómese el tiempo de revisar, limpiar
y santificar una vez más su casa.

Entiendan mis amados que siempre
estamos es guerra, desde que usted
se convirtió a los caminos de Dios
usted entró en guerra, usted se
en listo en el ejército de Dios.
Desde que ustedes dijo sí a la luz,
automáticamente le declaró la
guerra a las tinieblas y se convirtió
en objetivo militar de las tinieblas,
desde que usted le dijo sí a Jesús
le dijo que no al diablo, desde que
usted le dijo sí al Señor Jesús,
le dijo que no a los demonios y a

sus prácticas, ahora ellos son sus enemigos y aquel que tiene enemigos no puede andar caminando por el mundo como si nada.

Recuerde que en algunos lugares que venden los aceites también venden cosas de brujería entonces tenga cuidado donde compra sus aceites, además no crea que usted lo compró lo destapo, lo regó y ya va a funcionar, porque esto no es así.

Esos aceites se tienen que llevar a un nivel sobrenatural, hay q llevarlos a purificación a consagración.

¿Y cómo se hace eso Profeta?

Llévese sus aceites cuando vaya a orar, o a hacer alabanza, porque usted no sabe si esa Canela que usted compró, fue una bruja que la

fabricó, entonces como no podemos
saber la procedencia, purifique
sus aceites con el fuego
de la oración y la alabanza.

Entonces usted va a tomar ese
aceite y lo va a llevar a un nivel
sobrenatural, después de que
realizó la purificación y la
consagración luego de eso se
va se va a ungir y santificar con
ese aceite. Por favor tenga muy
en cuenta revisar si son aceites
esenciales para uso ambiental como
el de pebeteros o difusores de aroma
o si son aceites para uso de cocina
o si son para uso cosmetico,
todos sirven para batalla espiritual,
pero respetando las especificaciones
de uso de cada cual, no se vaya a
comer o poner en la piel aceites
que son para uso ambiental o
de pebeteros, por favor revise
bien su aplicación.

Cuando esté realizando el
ungimiento de cada uno de estos
aceites use los salmos y declaré
sobre estos aceites la palabra
profética de los salmos creyendo
en el Señor que lo que declaró
sobre ellos está hecho, ahora usted
tiene herramientas celestiales
que le serán de ayuda para
enfrentar su batalla sea cual
sea que esté teniendo.

Si estás muy desesperado,
con ansiedad, preocupaciones,
enfermedades, deudas, celos,
si usted siente que en su casa
hay una presencia que no es
la suya ni la de sus hijos ni la
de su esposo o esposa ni la de
Dios y usted quiere comenzar a
hacer batalla espiritual y una
purification en su casa use
el fuego del Espíritu
santo que se esconde en
el aceite de canela.

Ya que entendemos la forma
en la que se ministra la palabra
tiene que ser con mucha sabiduría
para uno poder desatar en la
palabra del Señor voy a hablar
del significado profético ya que
existen diferentes significados,
el significado teológico, el
significado rabínico, el significado
espiritual, el significado
simbólico, el significado simple,
pero quiero hablar del
el significado profundo
de cada esencia.

Capítulo 7

La palabra de Dios es dulce en los labios pero en el vientre es amarga

Espero que no se me asusten,
vamos a profundizar con algo
de la Mirra, la Canela y el Cálamo,
ahora usted sabrá cuál era mi
preocupación con esa especia
en especial, porque yo le decía
a ustedes ojo con la Mirra ojo
con la Mirra, si usted quería
saber a profundidad porque
el Profeta le dice a uno
que no invente, ni se ponga
de creativo con la Mirra.

Se lo recuerdo la Mirra es para
preservar ya se lo dije, que eso era
para preservar y que si usted no es
sabio y prudente podría estar
violando los códigos proféticos
podía estar preservando bendiciones
o maldiciones sin darse cuenta.

Entonces es importante que ustedes
abracen ahora esto que vengo a
hablarle de la Mirra teniendo claro de
una vez el significado de la Mirra

¿Ustedes sabian que Mirra es una palabra hebrea?

Y me imagino que ustedes quieren saber qué significa la palabra Mirra. Bueno la palabra Mirra significa muerte, usted que estaba desesperado por querer comprar su Mirra ya sabe que significa

Mirra = Muerte.

¿Y por qué el Señor tiene que poner dentro de la composición del aceite de la santa unción la Mirra cuando esto significa muerte?

Entonces yo quiero que ustedes entiendan esto mis amados estamos explicando el simbolismo de todo esto porque yo les decía a ustedes que no hicieran una réplica de este aceite que está establecido, pero ahora mire para donde nos va guiando la Mirra, ahora resulta que significa muerte.

Pero no se asusten, es una clase de muerte diferente, es una muerte al yo, muerte al ego, porque recuerde que todas las ofrendas que se ponían en el altar tenían que ser ofrendas muertas.

Entonces si usted no tenía la revelación de lo que estaba haciendo era posible que cometiera un error.

Entonces la Mirra eso es lo que significa Muerte.

El manto de la Mirra es un manto peligroso, porque eso es un manto de muerte, usted no puede darle preservación a un ambiente o a una condición que usted no conozca porque la Mirra lo que hace es que llega a matar pero lo que mata lo preserva, o sea le mata el ego para preservarte humilde, mata la vanagloria, mata el orgullo y todas esas son cosas que usted quiere

preservar, lo preserva usando el
aceite de la Mirra.

Bueno yo tengo una paz en mi casa
y esa paz que yo tengo yo quiero que
eso se preserve, ahí está usted
ungiendo con su aceite de Mirra.

Usted preparó un lugar Santo
un lugar para orar, un altar
profético en ese lugar usted quiere
que se mantenga la paz, la armonía,
si ya usted consiguió ese lugar
es la hora de ungir con Mirra.

La Mirra es eso mismo morir
al pecado y lo peculiar de la
Mirra es que es amarga, amarga
como una retama, sí porque la
palabra de Dios es dulce en los
labios, en el paladar es dulce,
pero en el vientre es amarga
¿y por qué ?

Porque una cosa es escuchar la palabra de Dios qué es linda se oye facil, pero otra cosa es vivirla en carne propia.

Pablo dice: Por causa de ti somos muertos cada día, solo que dice por causa de ti somos muertos cada día o sea uno tiene que morir a muchas cosas a diario para honrar el nombre de Dios

Si usted está trabajando bajo el manto de la Mirra usted está muriendo al yo.

Ahora si yo quiero morir al Yo, quiero morir al ego, quiero matar alguna área en mí que no me deja ser mejor, yo necesito que ciertas cosas se mueran en mi vida.

Ustedes quieren que ciertas cosas se mueran en su vida, a veces por la fe de la gente, los demonios se van, pero no es correcto, hay que hacer las cosas conforme al orden bíblico.

Ya les hablamos a ustedes que la Mirra era una planta de preservación y la Mirra representa la muerte el sufrimiento y el padecimiento de Jesús por nosotros entiende, representa todo lo que pasó el Señor Jesús por nosotros, eso representa la Mirra.

Entonces es importante que ustedes tengan este conocimiento, hay un parecido muy grande entre la Mirra y la Canela hay un parecido grande, Señores entre la Mirra y la Canela

¿Cuál es ese parecido Profeta?

Aprendan que la Mirra y la Canela son iguales en una cosa, en que las dos son rojizas las dos tienen este tono rojo

¿Y por qué?

Porque estas dos representan un cuerpo que tiene sangre, sí que brota sangre, la Mirra representa un cuerpo que huele rico pero que tiene amargura, que sufre, que padece, es la representación del cuerpo del maestro Jesús, su cuerpo que fue molido por nosotros, su cuerpo que fue ensangrentado representa directamente este padecimiento.

Sí y a ustedes les va a bendecir saber esto la Canela representa en lo profético los dones del Espíritu, la Canela representa el fuego, del Espíritu y la manifestación para los hebreos representa el carácter de Dios.

¿Y por qué?

Porque así es el carácter de Dios dulce pero fuerte, ustedes no pueden decir que tienen el carácter de Dios solamente con el olor, esto es algo que ustedes tienen que sentir, sentir la autoridad de Dios, ustedes tienen que sentir lo que el Espíritu santo les ministra cuando van la iglesia, tienen que crear un compromiso con el Señor.

Ser gente que cree compromiso y que aproveche la atmósfera del fuego del Espíritu Santo.

Entonces la Canela representa el fuego del Espíritu la Canela representa el carácter de Dios cuando ungían a una persona con este aceite de Canela esto le ardía esto le quemaba, esto le picaba mucho en el cuerpo porque este aceite reprendía con ese picor con

ese ardor, con esa sensación de
quemazón, reprendía a los hombres a
tal manera de que el hombre
se humillara y su carácter
le fuera forjado nuevamente.

Por eso tiene que ver mucho con
la intimidad, con la búsqueda,
porque cuando el hombre le
tocaban con el aceite de Canela
aparte de buscar una humillación,
buscaba traer una reestructuración
en la conducta del hombre
interiormente hablando.

Siempre se buscaba que el
hombre tuviera ese cambio mucha
gente que están batallando con
raíces de amargura, situaciones del
pasado cosas de la cual usted
todavía no ha podido ser libre.

Capítulo 8
Los Mantos

El Cálamo a nivel de olor parece primo hermano de uno que es fuerte y picante el Jengibre, el Cálamo es como una caña, atención el Cálamo es como una caña y tiene un olor, parecido al Jengibre y su color es también rojizo, atienda esto la Mirra rojiza la Canela rojiza, lo que tiene que ver con el con el Cálamo, también es rojizo.

Entonces usted tiene que entender todos estos códigos, para que sepa para dónde es qué va esta esta dimensión, Mirra rojizo, Canela rojizo, Cálamo rojizo.

El Cálamo que es de color rojizo su crecimiento se genera en las orillas del Río.

¿Qué es lo profético que tiene el Cálamo?

Que el Cálamo representa el
creyente que siempre vive
en el Espíritu

¿Si me entienden eso?

El Cálamo representa el creyente
que siempre está en la orilla de las
aguas parecido a lo que dice
el Salmo 1 verso 3:

"Será como árbol plantado junto a
corrientes de agua que da su fruto su
tiempo su hoja no caen y todo lo que
hace prosperará"

Esto una de las características que
hace el Cálamo poderoso es que el
Cálamo crece junto al río para poder
hacerse fuerte y resistir el viento,
resistir la tormenta, resistir la
tempestad.

Bueno vamos con los tres mantos:

Número uno el manto del aceite de Mirra:

Dije un manto que mata el ego es el manto que mata el orgullo la vanagloria ustedes se van a dar cuenta cuando un Profeta anda bajo el manto de la Mirra porque ese Profeta no quiere recibir vanagloria ese Profeta no quiere recibir halagos, ese Profeta todo lo que hace, lo hace para que Dios sea glorificado, para que Dios sea exaltado.

Ese es el Profeta que anda bajo el manto de la Mirra, ya murió al yo, ya murió el ego, sólo quiere que el Señor Jesús sea glorificado en su vida.

La gente humilde, gente que murieron totalmente al yo y a la vanagloria o sea gente que ya todo lo haga para la gloria y la honra de Dios, pero cuidado, alerta, porque hay gente que dice que hace las cosas para la gloria de Dios, pero es mentira y esta es buscándose su pedacito de gloria.

Pero esa gente que ya haya muerto totalmente, que mató el orgullo, que no tenga deseo de buscar protagonismo, esa gente puede ungirse diario con Mirra, dile a Dios mantenerme así Señor, mantenme humilde, quita de mí lo que lo que no te agrade, muriendo al yo diariamente, porque tiene que ver mucho también para formar lo que uno es como creyente.

Número dos el manto del aceite de la Canela:

Después de morir al yo,
morir a la vanagloria, al ego,
viene el manto de la Canela,
es el manto de la formación del
carácter, el manto del manejo
de los dones del Espíritu.

La Canela es para la gente que que
quiere crecer en el Señor, es decir,
yo quiero experimentar, quiero
profundizar conocer más del
Espíritu, conocer más de la
manifestación del Señor conocer
más de los Ángeles, conocer de
los mundos superiores, de los
códigos proféticos, es bueno que
haya Canela para aromatizar porque
la Canela va a estar haciendo un
doble trabajo va a estar rodeando
de fuego y va a estar creando
como un cinturón de fuego.

Cuando yo voy a orar al monte a mí me gusta hacerlo con esencia de Canela, y lo hago de forma sectorizada, porque a mí no me gusta híncame en el monte en un solo lado, yo oro caminando y si tengo mi aceite a la mano voy aplicando mi aceite por el camino por el que yo voy caminando.

Pero también voy urgiendo los aires, para no quedarme estático en un solo lugar.

A veces tenemos el privilegio de que no tenemos que aplicar aceite, porque los Ángeles ponen el aceite en el lugar.

Les voy a compartir una experiencia que me paso mis amados hermanos una vez yo llevé a unos amigos que vinieron de los Estados Unidos a mi monte, si mis amados cuando yo oraba

en mi monte, y yo les dije no
lleven aceites, y me dijeron:

¿Como asi que no llevemos
aceites Profeta?

yo les dije que los Ángeles que van
allá, les van a poner aceites.

Desde que entramos al monte
comenzamos a orar hasta las tres
y media cuatro de la mañana,
pero desde las dos de la mañana,
los Ángeles comenzaron a poner los
aceites de todos los colores, olores y
sabores, hermanos fue tan fuerte la
unción, que esa gente decía lo
siguiente:

"¿Dios mío pero de dónde salen
estas fragancias?"

Porque por donde quiera que usted
fuera en ese monte eran diferentes los
aromas y la gente sintiendo,

por donde quiera y eso emanaba,
y era un lugar limpio, no es que hay
un árbol cerca que tenga olor por ahí,
para decir que tal vez era el
arbol que tenia aromas, pero no,
mis hermanos estos eran
los Ángeles que pasaban regando
aceites y eso se sentía muy rico
en el aire y muy fuerte, con decirle
que esta gente comenzaron a lanzar
dólares al aire, imagínese usted ante
una presencia como esta Dios mío...

Mis amados y ellos agarran dinero
literalmente dólares y le comienzan
a tirar dólares a lo oscuro,
comenzaron a tirar dólares ahí
en el monte oscuro...

Yo dije bueno como yo soy un
hombre de Dios yo no me voy
a no voy a poner a recoger ahí
billetes, porque uno en ese tiempo
que no estaba en la mejor situación
económica ... pero lleno de la unción

porque la unción te va formando por etapas ¿entiendes?

A mí primero me mataron el orgullo y después Dios me próspero.

Porque imagínese uno bien próspero con mucha abundancia, pero bien orgulloso..

¿Quién se lo aguanta uno?

Y así fue mis hermanos, como yo sé que había mucha gente en situacion economica dificil que iban a ese monte a orar, yo dije:

"Señor mira bendice a alguien que venga mañana por la mañana y que se encuentre todos esos billetes"

Los ángeles también vienen y te ungen ellos mismos, ellos te llenan por eso es que esa oración de los montes es una oración muy buena,

cuando usted está orando en los
montes usted siente que está
entrando en esa vida de misterio,
en esa vida mística y sobrenatural,
Ay Dios mío me acuerdo de eso...

Entonces el manto de la Canela,
es el cinturón de fuego, sí quiere
hacer guerra espiritual fuerte
hágalo con Canela para romper
brujería, romper maldiciones,
los locales que empezaron
bendecidos y hoy están quebrados,
no se vende nada, las cosas
no fluyen

¡¡Póngale aceite de Canela ¡¡

Muy bueno para romper
maldiciones, es sobrenatural.

Así es que mis amados hermanos
yo les estoy diciendo a ustedes que
se llega a esa dimensión por mucha
perseverancia, por eso no dije que

uno empezó un día y ya lo logró al otro día, no así no funciona, tiene que ser perseverante y educar su Espíritu.

¿Profeta Entonces yo puedo ungirme por dentro y por fuera?

Claro si usted se está bebiendo un té de Canela, ore por eso y dígale

"Padre mira este té de Canela, oro por él lo consagró en tu nombre, úngeme por dentro, tú sabes si yo tengo algo que esté dañado dentro de mí, tú sabes si dentro de mí algo malo está creciendo, ungeme con este té, saname si es tu voluntad"

También funciona porque todo es un acto profético y a dónde llega el nivel de la dimensión a la cual quieres fluir.

Dios quiere hacer cosas
especiales pero tienen que
sentir el misterio, la comunión,
a donde Dios quiere llevarlos,
a donde Dios quiere establecerlos
no pueden dejar que el enemigo les
atrape en ese letargo.

**Numero Tres El manto del aceite
del Cálamo:**

Este es el manto de los guerreros,
los que son forjados, el que anda en
el manto del Cálamo son gente que se
forman con la corrección.

Sí, ¿usted no ha visto gente que
Dios los forja a las malas?

¿Como así a las malas Profeta?

Si, de fracaso en fracaso,
de tribulación en tribulación,
de guerra en guerra.

Mire hermano son gente que
cuando usted comienza a mirarlo,
usted dice:

¿Pero qué les pasa?

Porque no salen de una
para meterse en otra ...

Entonces es eso lo que sucede,
pero es lo que mucha gente no sabe.
Ahora cuando se le mezclan todos
esos mantos y comienzas a pasar por
cada uno de ellos y preguntas:

¿Pero Dios mío para dónde
es que tú vas?

Porque el nivel de unción y gloria en
el que Dios los va a usar después que
salen de ahí, ustedes se
convierten en un peligro para la
oscuridad, un peligro para el
enemigo, un peligro para todo
el que ande en tinieblas.

Dios los formó en un lugar donde el viento quería arrancarlos, donde la tempestad quería destruirlos, donde el ciclón, el huracán quiso despegarlos, pero lo más importante, el agua nunca les faltó...

Si usted no entendió ese código... se lo revelo:

Aunque quisieron matarlo, aunque quisieron destruirlo los vientos de arriba querían arrancarlo pero el agua de abajo le decía tranquilo que aunque lo quieran matar por arriba yo lo estoy alimentando por abajo y el árbol no solo se alimenta por las hojas, el árbol también se alimenta por las raíces, así que ten paz.

¿Ya tiene el código?
¿ya le llegó la revelación de lo que estoy hablando?

Hay vientos que quisieron destruirlos, hay vientos que quisieron matarlos, vientos contrarios, esos vientos fueron familiares, fueron pleitos, fueron problemas, fueron enfermedades, fueron personas que se levantaron a criticarlos, a querer acabar con ustedes, pero se equivocaron porque no se dieron cuenta que mientras el viento quiso destruirlos el río de la palabra viva de Dios estaba ahí para alimentarlos, como lo dice la palabra en:

Mateo 4:4

"Mas él respondiendo, dijo: Escrito está: No con solo el pan vivirá el hombre, mas con toda palabra que sale de la boca de Dios."

Salmos 1:3

"Será como árbol plantado junto a corrientes de aguas, que da su fruto

en su tiempo, y su hoja no cae y todo lo que hace, prosperará."

Ese es el manto del Cálamo el manto de los que están siendo formados bajo el manto del Cálamo son gente que pueden hablar de latigazos, son gente que pueden hablar de que fueron traicionados, son gente de que pueden hablar de que fueron vituperados.

Mis amados hermanos hay muchos matrimonios aqui que han sido ungidos con el manto del Cálamo, porque les a tocado tan duro, les han dado tanto palo, les han perseguido, les han hecho la guerra, pero siguen juntos y es porque esos matrimonios definitivamente son de Dios, porque las cosas que les han pasado en esos matrimonio han sido para que ya cada cual ande por su lado, pero mientras el diablo ataca por

arriba el río del Espíritu santo
de Dios los alimenta por debajo.

Recuerden siempre estas palabras:

Ustedes pueden ser atacados pero no
importa aunque los muevan para un
lado y los muevan para otro, que los
muevan por aquí y los muevan
por allá como en medio de una
tormenta, pero no importa cuanto
los ataquen por que las aguas
del Espíritu no dejan que los
arranquen porque sus raices estan
alimentadas y son firmes, son fuertes.

Hay gente que está haciendo
formada en la orilla del río
como una caña.

¿Y por qué como una caña?

¿Usted sabe lo fuerte que son las
fibras de caña?

Déjeme decirle que son muy fuertes y son fuertes por que siempre les están presionando, persiguiendo, le están haciendo la guerra, pero no pueden arrancarlas, las atacan, con la salud, las atacan con las finanzas, las atacan con los hijos, las atacan con el matrimonio, pero no pueden arrancarlas por que son fuertes, por que están alimentadas por debajo, lo que es de Dios, es así, lo que es de Dios, se mueve así.

¿Entienden?

Ustedes tienen que luchar por lo que Dios les dio, tanto asi que no deben nisiquiera descuidarse en la intimidad, y eso no se los van a decir en sus iglesias y suted sabe que es un tema normal por lo que la Biblia dice que lo que es de la carne, carne es, pero en esa iglesia que usted va no le van a revelar estos códigos eso para ellos es tabú.

Gente que porque dicen tener al Espíritu santo y se la pasan metidos en la iglesia y se olvidaron de la familia, se olvidaron que el esposo o de la esposa tienen nesecidades carnales que hay que suplir, andan esos pobres por ahí aguantando tentaciones por que el esposo o la esposa se la pasan metidos en una iglesia o en la casa de los hermanitos intentando arreglarle la vida a todo mundo...No hermanos entiendan que ustedes en su casa van a hacer todo lo que esté a su alcance para que su casa sea el hogar en el que su esposa o esposo quieran estar, en el que sus hijos quieran estar, es decir, que ellos se sientan bien, que estén felices, se sientan a gusto, tranquilos, que sepan que el hombre o la mujer que tienen en casa como Papá o como Mamá es un hombre y una mujer que no les va a traer problemas ni dolores de cabeza.

¿Me entienden?

Y siempre que todo esté dentro del
sano juicio, para que no crean que se
van a poner a hacer locuras, no
tampoco crea eso, todo dentro del
marco de la palabra, sin salirse de
lo que es correcto, pero si les cuento
eso es para que sepan si sus
matrimonios han sido formados
en el manto del Cálamo.

Deben tener la certeza que cuentan
con su pareja y si tienen que estar
juntos y tienen que vivir debajo de un
puente estan debajo de un puente,
pero juntos y tranquilos porque
es Dios quien los sustenta.

Entonces que le quede claro la gente
que tiene el manto del Cálamo tiene
que ser gente que aguanta la
tempestad, gente que aguanta
el problema, pero sigue firme,
que aguanta y no se desespera.

Porque imagínense ustedes mis amados hermanos uno pasando por alguna circunstancia difícil, alguna tempestad y encima tener que soportar el mal genio, el afán, la presión, las peleas y las discusiones de alguien, no debe ser nada fácil ni nada agradable y eso tarde que temprano termina mal.

Por el contrario la gente del Cálamo no se deja arrancar por el viento, no se deja arrancar por la tempestad, no se deja arrancar por la situación o por los vituperios, no se deja arrancar por el dolor, aguanta y sabe que debe esperar por qué el único que puede arrancar el Cálamo es el perfumista.

¿Saben por qué?

Porque el perfumista sabe cuando el fruto del Cálamo está preparado para brotar aceite, el sabe cuando está listo para hacer el mejor perfume.

Y yo quiero que ustedes
entiendan que cuando están
pasando por una situación difícil,
tienen que decir, aunque el viento
sople fuerte, aunque me muevan
como el Cálamo de un lado a otro,
el perfumista ya viene de camino,
porque tú no me vas a cosechar
antes de tiempo, no voy a caer en
afanes, en presiones externas, yo voy
a esperar y hasta que yo no dé fruto,
hasta que el perfume del Cálamo
no se manifieste, no me voy
a arrancar, puede venir viento y
marea, puede venir tentación,
puede venir dificultad, puede venir lo
que sea, pero el perfumista me está
mirando y dice No, todavía está
tierno, todavía no es tiempo, no lo voy
a arrancar ahora, voy a dejar
que aguante el viento un poco más.
El viento soplando, el Cálamo
aguantando, el perfumista
mirando, esperando el tiempo
esperando el momento adecuado.

¿Saben por qué?

Porque el destino del Cálamo no es morir en el río, el destino del Cálamo es llegar al altar convertido en aceite, convertido en esencia y ser llevado al altar, por eso es que usted ve que cuando dos personas que son procesadas y se encuentran, esas dos personas forman una dinamita espiritual, cuando dos personas que han sido procesadas se encuentran, esas dos personas son una explosión en el mundo espiritual.

Esas dos almas son una sola gloria porque han sido forjados por el viento, han sido forjados por la tempestad, y han entendido que aunque ha venido marea, aunque ha venido viento, aunque ha venido lo que venga, aguantaron, resistieron.

Por eso Dios les dice hoy resistan, aguanten, no se dejen arrancar

antes de tiempo, el perfumista los
está mirando, el perfumista está
pendiente, el perfumista sabe cuál
es el tiempo, su destino no es morir
en el río, usted va a ir para el altar
porque el Cálamo es para el
altar, la Mirra es para el altar,
la Canela es para el altar.

Hay gente que están pensando que
van a morir en el río y no es así,
no vas a morir en el río, no te vas
a convertir en leña, tu vas para el
altar, vas para el candelabro, para el
tabernáculo, para el altar de bronce,
para los utensilios del templo,
donde la gloria se mueve, donde
la unción se mueve, donde
la autoridad se mueve.

Esta palabra que les voy a dar
grábensela y apúntenla en sus
corazones, amárrensela en el cuello:

"Nací en el río pero mi destino es el altar, no moriré en el río, no moriré en esta prueba, no moriré en estas condiciones, no moriré, me voy a levantar con poder y autoridad de parte de Dios, no importa a donde haya nacido, lo que importa es mi destino, nadie matará mi destino."

No olviden que en el Cálamo se representa la autoridad, la vara, porque el Cálamo es como una vara de bambú, el Cálamo es la autoridad, todo el que crece bajo estas condiciones crece bajo autoridad, no le hagan caso al lenguaje de su dolor, no le hagan caso al lenguaje de la depresión, no le hagan caso al lenguaje de la pobreza, no le hagan caso al lenguaje de la escasez, no le hagan caso al lenguaje de la enfermedad, entiendan nacieron en el río pero su destino es el altar.

La gente del Cálamo son la gente que se mueven en autoridad sobrenatural, la gente del Cálamo son la gente que entendieron que no llegaron ahí donde están por tener cara bonita, tuvieron que pasar dificultades, tuvieron que pasar por tormenta, tuvieron que pasar por tribulaciones, pero aguantaron, ha sido un largo el viaje pero al fin llegaron, esos son los que van para el altar porque son gente de altar.

¿Profeta y quien es la gente de altar?

La gente que aguantando el viento todavía ora y da gracias, la gente que aguantando la dificultad todavía ora y da honra a Dios, la gente que aguantando la tribulación todavía levanta su mano y le da la gloria al Rey de Reyes, la gente que aguantó la tormenta y dijeron: Conmigo no van a poder, porque yo soy de altar, mi destino es el altar.

!! Siento un fuego fluyendo sobre gente de altar aquí, espero usted sienta este fuego mientras lee estas páginas, siento un fuego fluyendo sobre gente de altar, diga hoy desato mi altar, desato mi altar, lo que me amarró, lo que se levantó contra mí, lo que me hizo la guerra lo que me dijo que hasta aquí llegué, yo me levanto con autoridad y lo reprendo ¡¡

Recuerden antes de llegar a la Acacia hay que pasar por el Cálamo.

Mi gente hay un asunto poderoso moviéndose ahora cuando entré a darles esta palabra de altar escuché en los cielos movimientos y vi Ángeles vi Ángeles moviéndose ahora a favor de tu casa a favor de tu vida ángeles que estaban rompiendo cadenas, rompiendo ataduras, yo no sé qué eso es lo que va a pasar Dios mío pero el Señor dice ustedes son de altar,

ustedes pertenecen al altar nada los
va a atar, nada los va a dejar ahí en la
situación que están pasando,
su destino es el altar.

Quisieron arrancarlos quisieron hacer
leña del árbol caído, pero Dios los va
a levantar, las naciones se van a
levantar en fuego en presencia, en
autoridad, renuncien a esa depresión,
renuncien a esa ansiedad, renuncien
a esos vicios, renuncien a esas malas
amistades, renuncien a seguir
asistiendo a esos lugares que saben
que les hacen mal. Porque viene un
rompimiento en el mundo espiritual
para su casa, para su vida, para su
familia, creo que se va a establecer
algo muy fuerte, Dios va a traer una
liberación sobrenatural para sus vidas,
avanza Espíritu de Dios gracias,
gracias mi Padre.

En este momento yo atravieso la
dimensión del tiempo y oro por todos

ustedes que leen estas paginas, oro por sus vidas, en esta hora, por sus casas, oro por sus familias en esta hora yo en el nombre de Jesús doy gracias porque hay gente que se levanta en el fuego a buscar la presencia de Dios, a buscar conocer cada día más de él, yo oro por cada vida que está leyendo estas páginas, Dios mío en el poderoso nombre de Jesús llévanos al altar, gracias Rey mío, gracias amado mío, por favor manifiestate con poder y autoridad Padre que pueda verse tu mano poderosísima moviéndose Dios mío en el nombre de Jesús, gracias por este pueblo, gracias, gracias por cada vida que está pasando alguna dificultad y está siendo fortalecida como el Cálamo, para poder llegar al altar porque se mueve la unción en el altar, se mueve la gloria en el altar, no olviden que en el altar se mueve lo sobrenatural.

Capítulo 9

El Profeta que Perdió la Visión

Mis amados hermanos en esta parte del libro quiero hablar de los velones.

Se que hay muchos de ustedes que son amantes a los velones aromáticos y los compran de Canela, de Sándalo, los compran de Lavanda, tienen su velón aromático para aromatizar sus casas y vamos a ver qué es lo que tenemos en la casa si son velones aromatizantes o realmente qué es lo que son.

Vamos a ver mis hermanos y no se sienta mal si se le corrige, créame que yo usted lo amo y si le hablo de estas cosas es con la madurez de que usted crezca espiritualmente, de que usted se expanda y que usted tenga conocimiento para seguir peleando esta batalla.

Los velones específicamente en el año 2018 más o menos en adelante se pusieron de moda hubo un auge lindo por la decoración de velones y yo quiero que usted entienda que el velón apagado no le hace daño a nadie, no influencia a nadie, no atrae nada, el problema es cuando la vela o el velón aromatizante se enciende.

Digo esto mis amados hermanos porque dentro de lo que es nuestra ignorancia nosotros no sabemos qué es lo que está pasando ahí.

Muchas veces no nos damos cuenta del del daño que hacemos cuando nosotros comenzamos a hacer las cosas solamente porque está de moda o a la gente le gusta o por darle gusto a alguien y nunca miramos las consecuencias espirituales de esto que acabamos de hacer.

Solamente actuamos, nos movemos por una emoción causada por la moda, lo que pasó con

mucha gente fue que al entrar
en el asunto de las modas,
la decoración de la nueva era,
que entró a nuestra a nuestras
casas nosotros aceptamos muchas
de esas cosas que traían con la
excusa de que esto traía buena
suerte o se veía bonito y ahora
es así como se decoran las casas.

Muchos de ustedes compraron la vela
para que la casa tuviera buen aroma,
otros la compraron como decoración,
otros lo compraron como parte de que
era algo normal y nunca entendimos
por qué lo aceptamos sin consultar al
Espíritu santo.

Mis amados si ustedes pudieran
entender el dolor de cabeza tan
fuerte que me entró ahora mismo,
usted me diría:

"Profeta vaya acuéstese, descanse y mañana continua"

Pero yo soy de los que digo que si me voy a morir, me voy a morir peleando la batalla, tirando para adelante, me voy a morir diciendo la verdad.

Hay entidades oscuras, hay fuerzas malignas que no quieren que yo hable de esto pero necesito que ustedes entiendan este asunto porque sinceramente mis amados el Señor que nos ayude, miren estos asuntos aprender algo conectar algo tiene que ver mucho con lo profético y con lo sobrenatural.

El manto del aceite de la Acacia:

La Acacia es una planta olorosa como la Canela, la Acacia tiene también este olor fuerte como la Canela y en el lenguaje hebreo la

Acacia significa la gente que se humilla para adorar.

Esa es la gente de la Acacia, el que se humilla para adorar, todo el que es forjado en el manto de la Acacia es una persona que sabe de humillación, una persona que sabe de lo que es entrar en presencia con lágrimas, dicen que ese es el lenguaje hebreo para la palabra humillación y esto representa cuando un creyente entra al templo.

Ahora en la Biblia

¿Qué mujer operó en el manto de la Acacia?

¿Sabe quién sabe quién operó en el manto de la Acacia?

La respuesta es sencilla, fue la Madre de Samuel, ella operó en el manto de la Acacia, el que entra a esta dimensión de la Acacia no tiene que hacer bulla, no tiene que hacer mucha mueca, el que entra en el manto de la Acacia, tiene acceso a la presencia celestial, porque el corazón está quebrantado, la Acacia representa el corazón quebrantado, el corazón que Dios no desprecia.

La mujer del flujo de sangre, la que quebró el alabastro, o sea cuando una persona va como Ana al altar, Ana entra en el manto de la Acacia, porque ella solamente llora, pero no hay una cosa más poderosa cuando tus lágrimas son producto de una visión.

Cuando tus lágrimas son productos de una visión, esto trae algo poderoso en el mundo espiritual.

¿Cuál fue la visión que motivó las lágrimas de Ana?

¿Sabe qué dijo el Señor?

El altar, no tiene un sacerdote de visión, Elif es el sacerdote de turno pero Elif no tiene la visión, el dolor de la ausencia de un sacerdote provocó en Ana una activación del manto de la Acacia.

El que anda en el manto de la Acacia llega directamente al Trono, cuando tú estás llorando bajo el manto de la Acacia es que tus lágrimas tienen el poder de quebrantar la esterilidad.

Los dones que tienen la gente que lloran bajo el manto de la Acacia que se humillan

¿Sabes que ellos son los que le ponen género a los que quieren dar a luz?

No me están entendiendo...

Ella le puso género a lo que venía, a lo que ella quería parir, esa gente diseñan su vida, podían nacer una hembra, pero esta mujer diseñó lo que ella quería parir, ella le puso género, ella dijo es un varón lo que yo quiero, es un sacerdote lo que yo quiero, es un hombre de presencia lo que yo quiero, es un hombre de altar lo que yo quiero.

Si usted tiene el manto de la Acacia tiene que saber cómo va a invertir sus lágrimas, tiene que entender esto, no es lo mismo una persona que venga del Cálamo, de la Canela, de la Mirra, a una Ana que tenga el poder de configurar su vientre para dar a luz lo que el Padre necesita en la casa, lo que hace falta en el altar, el hombre de dirección, el hombre de principio.

¿No sé si ustedes me están entendiendo qué es lo que pasa con con esas Anas?

Son mujeres de carácter, No titubean ellas saben lo que quieren, las Anas son mujeres de carácter, ellas saben lo que van a preparar porque ellas tienen en su mente la revelación. Entonces son gente que tienen esa capacidad, tienen esa fe, esa convicción.

¿Saben por qué le ponen género?

Porque estas son las personas que andan bajo el el manto de la Acacia, porque cuando van al trono algo traen en su vientre, cada vez que las "Anas" van al altar algo traen en su vientre, lo más fuerte que tiene la gente que anda bajo el manto de la Acacia, es que tiene la capacidad de confundir hasta la misma autoridad.

¿Por qué el Profeta perdió la visión?

Él perdió la visión, porque él solo ve una mujer como que está llorando borracha o eso es lo que parece, como que se bebió algo y se emborrachó, porque es que Eli perdió la visión, Eli no sabía nada, él perdió la visión, le dijo:

¿Mujer, tú estás borracha? ¿Qué es lo que te pasa?

Elí no entendía el lenguaje de las lágrimas.

Lo que yo quiero que alguien aquí comprenda hoy es que no importa que Elí no entienda el lenguaje de sus lágrimas, no importa que el hombre no entienda esa condición, cuando esa mujer se envolvió en el manto de la Acacia esa mujer está luchando un pleito.

Tú le quieres buscar solución a ese llanto, mi hermano pero no hay forma de cuadrar un negocio con ella porque ella sabe lo que está negociando, ella sabe lo que anda buscando.

Eli quería consolarla, pero diga lo que diga y haga lo que haga nada podía hacer, por que ella lo que quería era un muchacho.

Y el único lugar donde nacen los muchachos como ella lo quería, es en el altar y mire pidió un muchacho en el altar y negocio con Dios y le dijo:

"Tú me das un muchacho a mí y tú sabes que yo soy una mujer entregada, tú me das mi muchacho y yo te lo voy a dejar en el altar."

La gente que anda en el manto de la Acacia es que esa gente no quieren cámara, no quieren fama, no quieren pleitesía, no quieren aplauso, no quieren andar por ahí hablando con todos y figurando en todo lado, solamente quieren la presencia de Dios y quieren llenar el altar con algo que salió de su vientre.

...Estoy peleando con este dolor de cabeza hasta me estoy haciendo el fuerte, digo somos fuertes pero siento como que el vudú que me están haciendo me está metiendo la aguja en la cabeza de lado a lado, hermanos por favor oren por mi y mi familia.

Con todo y dolor vamos a seguir para adelante.

Tome nota, de esto para que se pongan en sintonía:

1.No se burlen de una mujer o un hombre que vean llorando...

2. Cuando la gente pierde la sensibilidad en el Espíritu se sale del manto de la Acacia.

Ana dijo pero ven acá a ese manto yo no le puedo llevar nada, porque Ana era muy pobre ni una ofrenda tenía.

¿Entonces qué hizo?

Dijo voy a ofrendar mis lágrimas.

La Acacia representa los que vencen con el silencio, la gente de la Acacia no hace bulla, la gente de la Acacia vencen con el silencio, no son gente que andan llamando la atención, son gente que están entregados, son tan tranquilos y están gestando en el secreto lo que va a gobernar a Israel porque

Samuel representaba el gobierno
de Dios en la tierra.

A esa gente hay que respetarla
porque esa tan envuelta en el manto
de la Acacia, en cualquier momento
esa gente pueden detonar el cielo
y hacer que un Samuel
aparezca en escena.

¿Y por qué la casa de la
humillación es la Acacia?

Es la casa de la humillación y
representa cuando el Señor fue
llevado al Getsemaní, eso es lo que
representa, se trata de esto, toda la
gente que camina en la calle
con estas características
camina en esta nube
sobrenatural.

El manto del Aceite de Oliva:

El aceite de Oliva representa la unción ascendente, la unción de la gente que fue procesada, porque la Oliva para poder manifestar el aceite tiene que entrar bajo proceso.

La gente que fue procesada como la Oliva representan los que llaman la unción de Jeremías, la unción de los misterios, la unción de los códigos, la gente que fue machacado, la gente que fue en triturado, pero con todo y eso no dejaron de botar aceite, no dejaron de seguir fluyendo, en Gloria, fluyendo en presencia, fluyendo en lo sobrenatural.

La Oliva representa la gente que antes tenían una mala vida y el Señor los cambió lo transformó, gente que Dios los tumbó del árbol para convertirlos en aceite,

gente que Dios lo bajó de todas
esas cosas malas que vivían para
convertirlos en aceite puro,
como el aceite de la Oliva.

Representan aquellas mujeres
que antes eran promiscuas y hoy
están consagradas para el Señor,
representan a aquellos hombres que
antes eran promiscuos y hoy están
consagrados para el Señor, es decir,
un cambio de vida, un cambio
de atmósfera.

Aquellos que antes le servían a los
demonios y a los placeres de la
carne ahora le sirven a Dios y viven
en el Espíritu.

La gente que cambió para ser pura,
que cambió para consagrarse,
que cambió para estar en la
presencia poderosa, esto
representa la Oliva pureza.

A la Oliva hay que dejarla en una
cisterna hasta que pierda su
voluntad, hasta que pierda las
ganas de querer ser fruta y
hacer que acepte que
aunque nació en un árbol
su destino es ser aceite.

Usted me dirá :
¿Profeta para que meten la Oliva
ahí en una cisterna como así que
quitarle las ganas de ser fruta?

Es sencillo mis amados hermanos
porque hay un efecto físico y químico
que la Oliva tiene que hacer
en esa cisterna.

Porque mientras ella esté al sol,
ella sabe qué está en el árbol de
Oliva, mientras a la Oliva esté
dándole el sol, ella creerá que
todavía está pegada al árbol y no
acepta que tiene que madurar
o sea que tiene que morir.

Porque si tú vas con la Oliva de
una vez y comienzas a exprimirla,
no va a brotar el aceite que tiene
que salir.

Cuando la Oliva deja de ver el sol,
ella se da cuenta que ya la
despegaron del árbol, eso es una
semilla con inteligencia.

Entonces ella comienza a aceptar la
transición por la que tiene que pasar,
ella entiende que ya no puede seguir
en el árbol como una fruta,
ella entiende que ya se le acabó
el tiempo de ser fruta, porque ahora
va a ser traicionada.

Ella sabe que en el árbol de Oliva
podía ver y sentir el sol todos los días
pero llega el dia que ella dice:

"Yo me siento viva pero no siento el
sol, no estoy pegada en el árbol
¿qué pasó?"

Desde que le pasan dos o tres días y no siente mas el sol, Ella entiende que no esta en el árbol y que llegó la hora de aceptar la transición.

Hay gente a quienes Dios los ha ocultado del sol, los tiene escondidos, para transicionarlos, sabes qué llega ese momento cuando Dios te dice no salgas, quédate en casa, buscándome y aprendiendo de mi palabra.

Entonces mis amados hermanos ustedes no va a encontrar estas esencias en un velón, ni un velón de Acacia, ni un velón de Canela, ni un velón de Cálamo, ni de Mirra, ni un velón de Oliva, y si los encuentra por que ahora venden de todo, mejor no lo compre, mas adelante le dire porque.

Ahora dígame usted ha escuchado
la la palabra

¿"Sincero"?

¿Usted ha escuchado a alguien decir
la expresión o la frase "sea sincero"?

Ahora le voy a dar la explicación de
por qué se usa esa palabra o
expresión.

Lo que pasa es que la cera es la
representación del adulterio en las
cosas pura.

En la antigüedad cuando querían
engañar a la gente vendiendo oro
adulterado, a el oro le metían cera
para que el oro pesara más.

Es por esto que los comerciantes
pedían el oro "sin cera" cuando
el oro era puro, por eso a el oro lo
calientan a unas temperaturas

elevadas, para que con el calor del
fuego la cera se caliente, se derrita y
se saliera para un lado y el oro
quedará puro, quedará limpio.

Por eso es que la cera adulteraba
las cosas puras y todo lo que era
puro, todo lo que pertenecía a las
esencias cuando le ponían
cera perdía su pureza, por tanto
se perdía su poder.

Por eso el Señor no mandó a hacer
velas con estas esencias, porque
el Señor quería lo puro, lo limpio,
él no quería velones con esencias
en su templo, porque la cera
ensucia el altar.

Es por esta razón que para todo se
usaban eran lámparas de oro con
mechas y aceites.

Porque la cera empaña el oro
y el Señor conociendo los misterios

y los códigos, no le permitió a Moisés que hubiera velas o velones en su altar.

Por eso es que usted ve en las diferentes religiones y cómo se usan las velas en los diferentes rituales.

Otra cosa las velas tampoco eran renovables, la vela que se acabó y se derritió ya se acabo y perdía el diseño para siempre.

Sin embargo a las lámparas de oro nada más había que recargarle el aceite y siempre seguían encendidas, siempre seguían puras y siempre seguían limpias, por eso la lamparita siempre tenía aceite y una mecha nada más.

Ahora viene lo fuerte mis amados hermanos:

Tengan también en cuenta que las velas y velones de colores funcionan como portales directos.

Cuando usted está consciente que está prendiendo esa vela, son portales directos.

Da lo mismo si usted lo hace de forma inocentemente, usted la lleva como cosa aromática para su casa y usted no sabe realmente la trascendencia.

¿Usted me preguntara cual es la trascendencia Profeta?

La respuesta es la siguiente:

Usted compra sahumerio o velones aromaticos para darle olor a la casa y hay cierto tiempo del año que usted pone eso y usted no sabe que usted puede estar comprando alguna cosa china que fue consagrado para un demonio chino o indu y usted por estar con su creatividad, puede estar afectando su casa, por andar comprando esas cosas con la intención de darle un buen aroma a su casa y no sabe que está cumpliendo con un siclo, con un tiempo donde está algún demonio activado y si se enciende una vela de tal color puede atraer esas entidades a su casa.

Por ejemplo el demonio de San Antonio que es un oricha, un demonio, ese demonio San Antonio usa una vela de esencia, los velones pueden traerle malas influencias a la casa.

¿Está entendiendo?

Si usted no tiene el conocimiento de lo que está haciendo no se ponga de creativo, porque puede traer una entidad que no es de la luz y usted puede determinar la apertura de portales demoníacos en su casa o su negocio.

Entonces si usted no conoce lo que se mueve detrás de todas estas cosas mejor no las haga.

El color de vela que tiene en su casa va canalizando y abriendo los portales que se hacen en los rituales.

Para hacer pedidos a los demonios se les debe encender un velón o una vela con un color determinado.

Por ejemplo si combinó el amarillo con el blanco activo tal demonio.

Sabe que él va a responder a eso, usted está llamando ese demonio porque él responde a ese portal, el sabe que cuando se prendan esos colores o esos olores

es el ritual que le da acceso
a esta dimensión.

Usted no tiene que hacer un
rezo ese demonio sabe que la
combinación de colores o olores en
velas o velones, él sabe que ese es
su portal, la llave para entrar a esa
casa, porque eso es un llamado eso
es una invocación, una invitación
inconsciente que usted le
está haciendo.

Si usted está encendiendo velas o
velones en su casa sin darse cuenta
usted está entrando en paganismo en
Nueva Era.

¿Y porque le gusto toda esa moda?
Porque usted fue a la casa de esa
amiga suya que se cree millonaria y
cuando fue la casa de esa amiga suya
usted encontró ahí qué estaba bien
decoradita con velas o velones y olía
como rico...

Dígame si cuando usted apaga las luces y usted ve esa vela, dígame mentiroso pero estoy seguro que usted se queda mucho tiempo viendo la llamita, viendo la llama de la vela, si usted lo ha hecho y siente a veces como que usted empieza a meterse dentro de la llama y se va, se va, se va, como que la llama lo hipnotiza.

Miren mis amados hermanos esto sucede porque es parte de un mundo místico, hay gente que hacen viajes astrales a través de la llama de un velón, salen del cuerpo a través de un velón y van a lugares a través de la llama de un velón se desaparecen van y vienen como si nada.

Usted no entiende por qué siente, seducción por eso, pero es que esto le activa la glándula pineal, porque el olor y la llama es una combinación muy fuerte.

Yo le dije a ustedes, si la tiene de decoración apagada, usted no tiene problema, ahora si la tiene prendida todo el rato o la prende a ratos, ya le dije que en cualquier momento le pueden estar caminando dentro de la casa entidades raras o entrando en trances raros y cuándo viene uno a ver lo ya lo perdimos ...

Entonces es importante que usted entienda si va a alumbrar en su casa no prenda velones de colores.

¿Profeta y si se va la luz?

Bueno hay linternas y los celulares tienen su linterna.

Entienda en dado caso ya sea algo obligatorio, una emergencia, y toque si o si prender velas, repita los colores pero no lo mezcle, si es rojo solo use rojo, si es blanco solo use blanco, pero no lo mezcle porque a la hora que los mezcle y haga la combinación de colores van a traer demonios a tu casa.

Pero sería mejor alumbraras con una linterna, así como consigue para gastar en maquillaje o en el gym o en quien sabe que, vaya invierta y consiga una buena linterna, no se pongan a experimentar con cosas que usted no sabe su resultado, para que no contamine su casa.

Bueno yo ya les dije lo que tienen que hacer, porque sin usted darse cuenta puede estar quebrantando un manto por estar usando una vela o velón, porque usted pensó qué rico huele, eso estaría rico en mi casa ...

Déjeme decirle si usted quiere una cosa que huela más rico que eso, use el Aceite de Canela puro, no hay que encender una vela ni nada, mire esa gotica de aceite puro impregna todo.

Entienda que los cinco aceites que le voy a dar para que usted compre o prepare son para usos diferentes entienda y usted no puede limitar el conocimiento 5 aceites tome nota:

1 - Aceite de Guerra Espiritual.

2 -Aceite para ministrar sanidad.

3 - Aceite de adoración.

4-Aceite de prosperidad.

5 - Aceite de ayuno, es decir, para la gente que ayuna , es para usar este aceite mientras está ayunando es un aceite que es como un aceite de misterio y de revelación.

Hay varias modalidades de los aceites que usted puede conseguir con la esencia no importa donde usted la compre les voy a enseñar como hacer cuando lleguen a su casa para que pueda orar, vamos a decirle cómo va a orar para limpiar, purificar y consagrar ese aceite sin importar su procedencia.

Capítulo 10
Preparación de los aceites y las esencias

Bendiciones mis amados Dios le
bendiga en el poderoso nombre de
Jesús bienvenido a la parte final de
este libro de aceites.

Hemos llegado por fin a lo que usted
tanto esperaba, la preparación de los
aceites, las esencias y algunos datos
de Guerra Espiritual.

Cuando mezclo una esencia
lo hago por la revelación que el
Espíritu Santo me ha dado,
ya que las instrucciones que se
le dieron a Moisés a la hora de
hacer el aceite de la santa unción;
el Señor le hizo hincapié en el tema
del arte decía:

"Haga esto de superior ungüento,
según el arte del perfumista".
El arte es el don, es el talento,
es lo que Dios le ha entregado a
las personas para que mezclen los
aceites, muchas personas pueden

usar el arte de otro perfumista, pero yo creo que cada persona que recibe la revelación de Dios para hacer uso de los aceites tiene un arte especial, una directriz especial de parte de Dios para hacer el uso de las esencias.

Ahora quiero dejar claro que todo esto se hace por fe, no es solamente usar el aceite y nos sentamos sin fe a esperar que pase el milagro, sin fe no podemos pensar que va a pasar el milagro.

Recuerden que este conocimiento que van a adquirir no es solo para su uso personal, deben bendecir a las personas usando lo que aprendan, toda información y revelaciones del reino no es de nosotros mismos, recuerden que no es nuestro poder, es la misma mano de Dios la que nos está guiando a hacer esto.

Vamos a arrancar con esto y quiero que todo el mundo sea bendecido, pero quiero que me entienda que lo que le voy a hablar hoy es la revelación que Dios me ha dado, cosas que me han funcionado, cosas que han sido de bendición para mi vida profética.

Amados hermanos, así como ustedes me ven a diario en los directos, para mi es un gran esfuerzo, ya que he estado peleando una guerra campal en el Espíritu, he estado pidiéndole al Señor que me dé la sabiduría para enfrentar lo que pueda venir por atreverme a declararle la guerra en esta manera al enemigo.

Después del ataque de anoche, a mí me están llegando rafagazos del enemigo en forma de severos dolores de cabeza y a un hombre como yo que no le duele la cabeza, es raro que me suceda esto tan seguido y me ha estado dando punzante y muy fuerte.

Este tema de la brujería, me ha traído mucha batalla, el tema de los duendes me trajo mucha batalla, el tema de Los Reptilianos, ahora este tema de los aceites, como que se me juntaron todos los temas y el enemigo empezó a pasarme factura y a recordarmelo que por cada uno que revele me ataca...

Pero yo dije, Señor no voy a detenerme, voy a hablar voy a predicar tu palabra.

!!Yo le dije al Señor yo acepto el desafío vamos para encima y vamos a darle ¡¡

La Biblia dice que cuando Dios mandó a preparar ese aceite no le dijo

a Moisés que lo preparara a su gusto,
a Moisés se le dio la receta.

Pero quien preparó el aceite era
gente ungida para preparar aceite,
a Moisés se le dio la visión pero
quién iba a manifestar la visión era
el hombre que conocía la visión,
a Moisés solo se le pasó la visión,
se le dijo mira tantas medidas,
500 de esto, 250 de esto, 250 de
esto y así y así y así, pero no es
para que tú lo hagas Moisés y está
hablando de Moisés, que Moisés era
un hombre muy elevado en Dios.

Yo te estoy dando la visión de
lo que yo quiero que me hagan,
ustedes no vieron a Moisés
clavando un una estaca en ese
templo, no lo vio bregando con oro,
solo ve a Moisés recibiendo los
códigos para que los aceites se
manifiesten, ya yo te di la visión.

Ahora tienes que ir a donde el perfumista, cuando Dios le dice y hará de esto el aceite de la santa unción según el arte según él arte del perfumista, El Señor está hablando de que aunque seas quien seas, solo recibes la visión ahora, tienes que ir y depositar lo que recibiste delante del que sabe trabajar con la visión que Dios te dio, no sé si hay gente que me está entendiendo, hay gente aquí que quiere ser de todo, Pastor, Profeta, Evangelista y estar en el coro ...

Porque no entiendes que Dios te dio algo especial, y no es para que seas un todólogo, Moisés Recibió la visión del aceite, pero quien tenía que manifestar el aceite era un perfumista.

¿Entonces por qué no mandaron a hacer el aceite a un molino?

¿Porque si era aceite que querían había otros lugares donde molían la Oliva y el aceite salía por cantidad?

La respuesta es porque no podía ser cualquier sitio ni cualquier persona que hiciera ese aceite.

Lo mandaron donde un perfumista porque el perfumista es el que conoce la temperatura de cada esencia, el perfumista es el que el que conoce los misterios, es el que sabe qué tiempo de cocción hay que darle a cada especia para que en su mezcla se manifieste el resultado esperado.

Yo le puedo dar a ustedes la enseñanza, pero trataré en la sabiduría del Señor de llevarlos a la dimensión donde su noema se abra y usted pueda tener la comprensión de cómo es que tienen que hacerse las cosas, yo le digo mezcle esto,

mezcle esto, mezcle esto, y usted
puede mezclarlo, pero yo pregunto

¿Ya está ungido?

La respuesta es
no, no y no.

Cuando ustedes leen en la Biblia dice,
"hará de esto el arte, el aceite de la
santa unción, según el
arte del perfumista."

¿Esas palabras,
"Arte del perfumista"
¿Usted sabe lo que significan?

Según el discernimiento según el
talento según la ciencia que tenga
este hombre.

Ahora hay una confrontación porque
el perfumista se va a enfrentar a una
mezcla que él nunca ha mezclado,
ahora el perfumista se va a enfrentar

a la combinación de unos ingredientes que él no sabía que estas combinaciones existían. Entonces ahora Dios tiene que tratar con el perfumista, porque si el perfumista hubiese tenido estos aceites mezclados ya en su casa, Dios no tiene que darle las coordenadas a Moisés.

Pero Dios le está dando unas coordenadas proféticas a Moisés para decirle que el aceite de la santa unción o sea el aceite que va a representar la santa unción, está formado de cinco piezas, Mirra, Canela, Cálamo, Acacia y Oliva, esta es la combinación, es decir, lo que manifiesta la unción, está combinado en cinco ingredientes.

Entiendan mis amados que los perfumistas lo que más cuidan es su olfato, por eso los perfumistas en

Israel andaban con un un velo y este velo tenía una especie de olor especial para mantener el olfato en tono, ya que como les digo los perfumistas lo que más cuidaban era su nariz,

Yo tengo amigos que son perfumistas y ellos saben si un perfume es original a la distancia, ellos saben los nombres de los perfumes y a la distancia se saben las composiciones.

Amados hermanos, esto se va a poner muy sobrenatural, atienda esto, según el don de ciencia de alguien que tiene discernimiento, porque el olfato significa discernimiento.

Usted con llegar a una casa así esté lavada así este perfumada, con usted respirar profundo, esa respiración va a llevar una información codificada a su noema, y puedes discernir la atmósfera espiritual de un lugar solamente con su olor, por eso el perfumista era alguien tan especial porque tenía un discernimiento tan grande que su nariz era peligrosa, los ojos y los oídos los tenía en la nariz.

Cuando algo anda mal, es decir, cuando usted está bien afinado en el Espíritu usted llega a un sitio hasta una tienda, sea lo que sea, usted entiende automáticamente que se está moviendo algo raro en ese lugar, su espiritu siente algo raro ahí.

Si a usted ya le ha pasado algo asi y luego que usted llega a un lugar sin que le digan nada usted respira y usted discierne que algo no anda bien en esa casa y luego casualmente a usted le confiesan problemas o le dicen que algo no está

bien, le están confirmando lo que
usted discernió en el Espíritu,
lo que estaba codificado en el aire
y usted sintió cuando entró
a ese lugar.

Porque la nariz toca los olores
invisibles.

Por eso le dicen a Moises lleva el
aceite de la santa unción, pero que
lo prepare un perfumista llévale las
medidas y que use estas medidas que
no se salga de estas medidas
y este aceite se va a hacer según
el arte del perfumista lo que te
está diciendo el Señor es que el
perfumista tiene un arte para cada
composición y por eso dice que será
este el aceite de la santa unción
según la apreciación de aquel que
tiene el discernimiento de estas
composiciones.

¿Quién es?

El perfumista, él es el que tiene el
discernimiento, él es el que
tiene la autoridad.

Mi pregunta es:
¿Acaso Dios sabía que el
perfumista tenía la capacidad
de satisfacerlo con lo que
el requería?

Claro que sí, porque ser perfumista es
un don del Espíritu, todos
podemos ser perfumistas, pero
entiendan y tengan esto claro,
ser perfumista es operar
con un don espiritual.

¿Sabías tú que que ya Dios tenía la
atmósfera preparada para tratar con el
perfumista?

Una de las cosas para la que debes
prepararte si deseas ser perumista

es porque el enemigo le hace mucha guerra y cacería a los perfumistas.

Porque los mismos demonios piden perfumes y agua florida muchas aguas con olores raros para hacer baños, buscan árboles y hacen baño de ruda, baño de anamú, baño de hoja de guazuma y con estos baños los que están buscando es traer como esa especie de suerte, gente bañándose con hojas que tienen perfumes, porque los brujos trabajan con perfumes, las entidades oscuras trabajan con perfumes, el negro Felipe trabaja con perfume, changó trabaja con otro perfume, llemaya trabaja con otro perfume.

A todos los demonios le encantan los perfumes, porque ellos entienden que en los perfumes hay un código que hace que el alma se salga de su cueva y el alma esté presente, entonces yo necesito que ustedes entiendan que hay perfumes que cuando llegan a sus manos ustedes tienen que consagrarlos, tienen que orar al Señor y divorciar el perfume de toda influencia diabólica, de todo objetivo diabólico con el cual o por el cual fue fabricado.

Hay perfumes que usted se los pone y la gente anda como locos en la calle detrás de usted
¿qué pasa?

Hay batalla, el perfume está cumpliendo un cometido, entiendan que cada perfume que ustedes tengan en su casa antes de usarlo por primera vez, debe consagrarlo para que Dios por medio del Espíritu santo lo despoje de los efectos espirituales negativos que puedan causar en su vida por medio de la atmósfera que genera este perfume.

Entremos en materia voy a comenzar con el primer aceite:

Aceite de Revelación:

Es el aceite que sale de la Almendra, pero hay dos aceites, hay uno que sale de la flor de la Almendra y otro que sale de la semilla de la Almendra.

Entonces el aceite de Almendra en lo profético significa la sabiduría, la Biblia habla del árbol de Almendra como el árbol que florece con estas flores blancas y da a entender de cuando la persona está madura y le salen canas a esto le llama florecer.

Sí cuando a uno le salen canas, la Biblia habla y hace una comparación simbólica de lo que es la flor de la Almendra y las compara como que son las

canas de las personas,
hace alusión a lo que es la
vara de Almendra florecida como
la vara de Aarón, a la sabiduría
y a la madurez de los tiempos.

Entonces cuando tenga su aceite
de Almendra va a decirle así:

"Señor en el nombre de Jesús yo te
presento este aceite de Almendra
para que lo uses como
instrumento de unción para
que tú me unjas y cuando yo lea las
escrituras se me revele el Espíritu de
la palabra, dame la sabiduría para
lidiar con un pleito, o algún problema,
dame las palabras para dar
un consejo oportuno y eficaz."

Hay gente que van a darle consejos a
gente que están endemoniada y ellos
que fueron a dar el consejo
salen endemoniados.

¿Cómo es posible que ellos sean los que terminan endemoniados?

Porque quieren ir al da un consejo sin el Espíritu de consejo.

¿Sabía usted que la Biblia menciona que había siete Espíritus que andaban con Jesús?

¿Qué me dice usted Profeta?

Si, Jesús para poder llevar su ministerio a plenitud eso tuvo que trabajar con siete Espíritus incorporados en él.

Sí, tenga paz está leyendo bien, siete Espíritus que se manifestaron en condiciones sobrenaturales.

Bueno Profeta
¿Y a dónde yo encuentro en la Biblia que Jesús caminaba con siete Espíritus siete Espíritus?

Revisa Isaías 11, ahí mismo lo dice.

Entiendan esto para que
se les grabe a ustedes.

Jesús caminó con siete Espíritus Y
esta es la forma que usted va a
aprender, así es la forma en que
usted lo va a entender para
que pueda entrar en la
dimensión espiritual

Isaías 11

*"Reinado justo del Mesías
Saldrá una vara del tronco de Isaí,
y un vástago retoñará de sus
raíces. Y reposará sobre él el
Espíritu de Jehová; Espíritu de
sabiduría y de inteligencia, Espíritu
de consejo y de poder, Espíritu de
conocimiento y de temor de Jehová.
Y le hará entender diligente en el
temor de Jehová.No juzgará según
la vista de sus ojos, ni argüirá por lo*

que oigan sus oídos; sino que juzgará con justicia a los pobres, y argüirá con equidad por los mansos de la tierra; y herirá la tierra con la vara de su boca, y con el Espíritu de sus labios matará al impío. Y será la justicia cinto de sus lomos, y la fidelidad ceñidor de su cintura."

¿Los vio?
Son siete, los siete Espíritus ahí están los siete Espíritus, pero no nos quieren explicar esto, que en el cuerpo Místico de Jesús el hombre caminaba con siete Espíritus encima y usted le habla o le explica esto a la iglesia de hoy en día y dicen que esto es ocultismo que estas son cosas extrañas.Hay siete dimensiones de aceite, para la cual todavía no siento que que estemos preparados, cuando la escuela profética entre en su apogeo entonces ahí vamos a profundizar en ese tema.

Los pastores no están preparados para estos temas, que me perdone Dios, ya que no es por orgullo, pero no han salido de la escuelita bíblica dominical, no han salido de ahí, están presos en su doctrina de niños, por eso en su dogma no se quieren abrir a otra realidad y por eso ya están preparando la invasión alienígena para el año que viene, por eso están apareciendo ovnis y ellos siguen cantando coritos.

Está el diablo preparando el nuevo orden mundial y cuando el dólar caiga quedará una sola moneda en el mundo y esa moneda la da el nuevo orden al mundial, la moneda que va a usar "El falso mesías, La Bestia" así tendrá más controlado a todo el mundo.

La gente cree que el viene con cachos y cola y no es así.

Ya la bestia está aquí y está
gobernando el mundo.

Sí está en Bruselas porque allá hay
tres factores que se van a unir,
Suiza Bruselas y el Bridge.

Estos tres téngalos pendientes y
apunte eso por ahí que esos son
temas muy profundos.

Pero una iglesia que no tiene
discernimiento en una iglesia que
no está despierta no hay milagros,
una iglesia que no entiende esto va
a venir el enemigo y se los va a
comer a los hermanitos con yuca y
no van a lograr entender que Jesús
caminaba con siete Espíritus ya que él
no podía resolver con un
solo Espíritu.

Todos lo que está pasando en la
política y en la economía, es un
calentamiento, todos son ensayos,

todo esto que usted ve en las noticias, incendios sequías y demas eso no es coincidencia.

Debemos escudriñar la Biblia amados, tome nota usted puede usar el Aceite de Almendra para esto, cuando tenga este aceite declare la palabra del Salmo 24.

Este es el aceite de la sabiduría, recuerde Salmo 24 no olvide estudiarlo es una palabra poderosa.

Porque el Salmo 24 cuando dice alzaos vosotras puertas y alzaos vosotras puertas eternas y entrará El Rey de Gloria.

Cuando usted ve la puerta alzada, la puerta es el recipiente de su alma que va a recibir al Rey de Gloria y cuando el rey viene, trae una información, eso viene con una presencia, eso viene con algo sobrenatural o sea esto no es algo donde usted dirá ya creí en Dios y ya, no, no, no, cuando el rey entra junto con él vienen paquetes.

Entienda esto, junto con él Rey vienen paquetes, junto con él viene la bendición, junto con él vienen cambios, junto con el viene la provisión, junto con él viene la sanidad, junto con él viene la paz, pero la vasija debe estar ungida, cuando el rey visita se manifiesta la autoridad, la revelación, el reino, el poder, la presencia, la sabiduría, la gloria.

Mire solamente el Salmo 24 y la Almendra por ahi toco a Pablo por ahí toco a Salomón porque Salomón le dio fuerte al aceite de Almendra.

Mire esto para que se goce declare la palabra del Salmo 24 con el aceite de Almendra, no lea ya su Biblia sin el manto de la sabiduría, el manto que viene por el aceite de Almendra.

Trate de que cuando cuando usted va a leer un libro por ejemplo cuando vaya a leer Emunah despertando la conciencia superior, o la segunda parte Emunah, el Despertar de los Elohines, o no importa el libro que sea, unjase con este aceite de Almendras, porque usted va a entrar a un territorio, usted va a entrar a la presencia del Espíritu que trajo esta revelación y así se le va a manifestar.

Ustedes tienen que hacer que que el código del libro se revele a su Espíritu pero a veces ustedes comienzan a leer un libro tan fuerte como este, que mire es un libro con

pocas letras, es para que usted
se lo aprenda página por página
un libro así y usted no lo va a leer
turbado o con la mente bloqueada
porque no se te va a revelar nada.

Usa el manto de la Almendra y se te
van a revelar todos los misterios,
usa el manto de la sabiduría.

Entiende que no se te va a revelar
porque es que tú no no estás
adecuado no tienes esa preparación
para tu poder entrar en la
evolución profética porque no hay
sabiduría no hay Almendra.

Vamos con ese Aceite de Almendra
toma el Salmo 24 y declara la
palabra del Salmo 24 sobre su aceite.

Ayúnele aunque sea dos o tres días a
su aceite, mientras más le ayune más
fuerte va a ser la unción
de ese aceite.

No lo mezcle con desodorante,
les voy a decir algo mis amados
hermanos pero no se rían,
yo tengo aceites en mi casa,
ojo aceites santos, aceites ungidos.

Pero el bendito aceite me lo ponen
en el gavetero al lado del emisor de
Wifi ... al lado del jabón íntimo,
las afeitadoras, las cremas y me
tienen todas esas cosas ahí juntas ...

¿Dime de qué aceite santo tú
me estás hablando?

Ese aceite es algo santo es algo
Kadosh, tu a mí no me hables de
ningún aceite Santo si los tienes
guardados así...

Tú no tienes ningún aceite Santo,
no hermano tú sabes que eso ya no
es Santo, no se engañe y
ya mejor bote eso.

El aceite cuando es Santo está
aparte en un lugar específico y
consagrado para él, por eso el Señor
dio ordenanza que en el templo
cada cosa tuviera su
lugar preparado.

Amados hermanos denle la Gloria
a Dios que no me he dado una
vuelta por su casa, porque donde
yo vaya y vea una cosa así,
por pura sospecha yo voy a
preguntar:

"¿Quién es el que guarda el aceite
santo aquí en esta casa? "

Y si usted me dice soy yo siervo ....

Hermana o hermano, mire usted se
ganó una arrastrada gratuitamente por
irreverente, y le digo lo siguiente:

"Aquí le mandó el Señor, y le voy a dar un fuerte tablazo en el Espíritu"

Para que aprendas a respetar las cosas santas, las cosas consagradas a nuestro Señor.

Yo fuera usted antes de comenzar a ungir cosas hacia una cajita de madera linda, coja una cajita de madera y hermano póngale un candado, y consagre esa bendita caja para sus aceites.

Pero me dice:

" No Profeta mira que yo los tengo en la cajita donde guardaba los pantys ..."

Ay Espíritu de Dios mira cómo tú me guardes un aceite santo ahi y asi, entiende bien que es algo santo.

¿Como vas a meter eso
donde tú guardabas la ropa interior?

No Dios mío
¿Y usted quiere que Dios
se le manifieste?

Vamos a darle carácter a estas
cosas mis amados hermanos.

Consagrense y ayune junto con su
aceite, guárdese mediodía, si usted ve
que toda la gente está afuera en fiesta usted diga yo me voy a guardar por
medio día con mi aceite y pídale
a Dios, alábale, grita o hazlo en
silencio, hazlo con risas o llorale,
hazlo como te nazca del corazón,
pero que sea así en la presencia
de Dios.

Déle las gracias al Señor por
su aceite y entrégalo a Dios,
hay algunos aceites que le van a
cambiar de color, hay algunos aceites

que le van a aparecer cosas adentro,
algunos Ángeles le ponen piedras
o le ponen cosas dentro de su
aceite polvo como de oro y algunos
aceites cambian de color cuando
se consagran.

Hemos visto todo eso hermanos,
no se extrañe si a su aceite
le sucede algo así.

Aceite de Liberación de Guerra Espiritual:

Por ejemplo ese es otro aceite para
usar en los terrenos, otro para los
utensilios y hay otro de Liberación
para la gente.

Aprendan mi gente aprendan, pero
recuerden que mientras más días le
ayunen a los aceites más fuertes se
van a poner.

Yo cuando me voy a ungir algunos aceites me lo llevo para el monte me duermo con ellos orando clamando a Dios por esos aceites.

Por ejemplo yo le digo al poderoso maestro, "Poderoso Señor, este es un aceite para mis hijas pon una una gloria Señor en este aceite, para mis hijas, abreles la glándula pineal para que me digan que están viendo y yo con mí lapicito tomar nota de esos misterios".

Así es mis amados porque los niños tienen más conexión con los mundos de arriba, ellos pueden ver cosas que nosotros no podemos ver.

Pero lo que ellos no hablen yo lo dicierno en el Espíritu, así es como nosotros nos conectamos.

El aceite más efectivo para liberar los lugares es con Canela, si la esencia de Canela para ungir locales comerciales, para ungir terrenos que usted quiere vender, para ungir casas que usted quiere vender, terrenos a los que no le han salido los papeles que usted necesita para comprar o vender, use aceite de Canela.

Para recuperar el terreno también pero tienes que echarlo en el terreno, eso sí le digo que si usted comienza a vender propiedades y usted se hace rico y usted dice que " Yo no le voy a mandar nada al Profeta, que el Profeta está muy bendecido ...

". Mire hermano yo mismo voy al Trono celestial y le pongo una demanda ¡¡

Así son hermanos, miren les voy a
contar algo, había una hermana que
vino sin un peso a aquí a la Meka,
y ahora que consiguió dinero,
anda como que no conoce a nadie,
me dan ganas de decirle Señor
dame para atrás toda las
oraciones que hice por ella y
Padre sécala como un rabo de
yuca por tacaña ¡¡

Sí porque hay gente así, hay gente
que yo no se porque cuando están sin
nada como un ratón sin queso que no
tienen nada de nada,
son más dadivosos
y más amorosos ...

Hay pero cuando consiguen algo
de dinero cambian del
cielo a la tierra.

Imagínese que está "hermanita"
que me trancó a orar un mes en
Higüey me dijo que le ayudará a

clamar por una tierra que tenía en bávaro, fijense bien lo que les voy a decir mis amados, me sequé como un rabo de yuca clamando a Dios para que la hermana pudiera vender esa tierra y llego el dia y la "hermanita" vendió la tierra por muchos millones ...

¡¡ Y esa hija del diácono, me dio a mí como 30 dolares ¡¡

Tenga claro que yo no estaba orando por paga, pero entiendan amados que si a uno le dicen lo siguiente:

"Profeta si esa tierra se vende yo le voy a sacar una tremenda bendición y le voy a comprar un vehículo"

Pues uno se ilusiona hermanos, en ese tiempo yo andaba a pie, bueno todavía ando a pie, pero la gloria sea del Señor ...

Entonces imagínensen ustedes
amados hermanos yo pagando
transportes, gastando dinero en
buses de San Pedro a Higuay,
de Higuay a San Pedro, todos
los dias...

Flaquito me puse yo hermanos,
parecía una Palmera y la "hermanita"
vendió su tierra y me dio mi ofrenda
de 30 dólares, pero ella me pasó
la ofrenda con una sabiduría
serpentina y me entregó la ofrenda
y me dijo Profeta tenga y que
Dios le bendiga ya se puede ir ....

Pues ni modo yo me fui para mi
casa y cuando yo estoy por allá
me dijeron, ¿Tú supiste?

La "hermanita" vendió la Tierra
y ya le pagaron el dinero...

Amados hermanos, la hija del
diácono hasta se mudó de la casa

donde vivía, cuando yo fui a esa casa no quedaban ni los perros .... Yo no es que soy de mala fe pero no es posible que ustedes no valoren el esfuerzo que uno hace ...

Miren yo tengo un dolor aquí atrás en la espalda, por aquí arriba también, yo creo que de tanto estar sentado todas la noches compartiendo en código León 7 y en la Meka.

Entonces no entiendo si salió el negocio, el Profeta te ayudó, oro por ti, se trasnochaba toda las noche por ti dándote palabras, dandote consejos, amados yo podía estar a esta ahora tranquilo descansando, preparando y escribiendo mis libros que se yo haciendo mil cosas literalmente, hermanos ustedes no tienen en cuenta que yo todas las noches podía estar ahí haciendo otras cosas muy cómoda y tranquilamente, pero no.

Yo estoy aquí cumpliendo con el Señor y su santas ovejitas, trayéndote aquí un gramito de gloria para que Dios te bendiga con los códigos.

Que dijo el Profeta que la Canela que esto que lo otro para que tu rompas toda tu brujería y todo lo que te han tirado y tu salgas de esa pobreza para que después tu vayas a diezmar por allá a un delincuente que no ha hecho nada por ti, sabiendo que tu aprendiste todos estos códigos fue aquí con el Profeta León.

Entonces hermanos les cuento todo esto porque es importante que entendamos mis amados hermanos que debemos estar atentos ya que hay maldiciones que pueden llegar a quebrar negocios.

Así es amados tu no sabes si ese negocio que no funciono te lo quebraron por la parte espiritual, porque hay negocios que lo han quebrado a punta de brujería.

Ahora si usted es un ladrón que nada más recibe de su negocio y no da nada, usted mismo fue el que quebró su negocio, porque la maldición más grande que tú puedes tener es estancar tu propia bendición por avaricia y no permitir que tu bendición llegue a bendecir a otros que lo necesitan.

Aceite de Guerra Espiritual:

Entienda bien que si es en el terreno consagre la Canela también en esencia y ojo no mezcle la Canela con aceite de Oliva, la Canela representa el fuego, en el mundo espiritual puede ungir con ese aceite.

¿Profeta que salmo usamos
para la Canela?

Como es para la toma de terreno
use el Salmo 121 y salmo 3.

¿Y qué hago rezo?

No va a rezar yo no le estoy
mandando a rezar ...

Solo declara la palabra profética,
cada salmo tiene una palabra
profética, le estoy dando los códigos.

Cuando hago uso de la Canela
nunca la uso sobre la piel,
esto se debe a que la Canela
es muy fuerte y puede que les
queme la piel, por eso uso la
Canela en los espacios donde
quiero tener resultados de
liberación, ya que lo que a mí
se me reveló, como Profeta;
es que la Canela es símbolo del

fuego en el mundo de las esencias, está es el símbolo del fuego espiritual, símbolo del fuego de purificación, símbolo de fuego de liberación y también símbolo de fuego de expansión.

Esto es sobrenatural para ungir las casas de ustedes mis amados, Sí para unir sus casas, si siente bloqueo en la casa siente que hay cosas que no avanzan consiga esencia de Canela y activala con el Salmo 121.

Lo que quiero dejar dicho es que estos cuatro símbolos van activándose y manifestándose según la necesidad de la persona, cuando hacen uso del aceite, esto lo hago con la Canela, está también la uso para ungir territorios, proyecto de venta, lo hago cuando quiero traer liberación a algún lugar.

Cuando yo llegó por primera vez a algún lugar, cuando voy a un hotel, o cualquier otro lugar que me toque estar con mi familia, yo siempre trato de ministrar liberación con este aceite, aunque el aceite de Canela no es el único que se usa para liberación, también hay otras esencias que se pueden usar con este fin, pero en lo personal lo que a mí me ha resultado, y con lo que mejor me va, es con la aplicación de la esencia de la Canela.

Para usted cubrirse cuando esté haciendo la guerra porque no es posible que usted va a aplicar Canela en su casa y no se va a ungir usted, pero puede usar los siguientes para mezclar con limón y Limoncillo, el limón es guerrero por eso es que usted ve que la mata de limón hecha espinas, cuentan los sabios que esta planta no tenía

espinas, que el limón era un fruto, muy agradable muy especial y no tenía espinas, pero cuando Adán pecó las plantas comenzaron a tener una metamorfosis y el limón que era un árbol liso comenzó a echar espinas.
Y usted me preguntara
¿Por qué pasa esto Profeta?

Esto sucede para proteger su esencia, es para que nadie tome su esencia, las espinas es una manera de revelación, por eso es que usted ve que la mayoría de de plantas que tienen espinas todas guardan un secreto muy sobrenatural.

Las espinas le salieron como una revelación, para que no tomen lo que ella porta y oculta interiormente. También puede usar menta, estos tres son compatibles entre sí, puede usar menta, limón, limoncillo, y los activa con el salmo 3.

Tenga en cuenta que no importa que la casa no sea propia y usted pague renta, igualmente puede ungir la casa donde vive.

En lo profético el limón es un árbol Guerrero, el limoncillo una planta guerrera, la menta por igual, la menta es para desatar lo profético en tu boca, el limón es para cubrirte y darte esa coraza en el mundo espiritual, el limoncillo es para la conexión, mientras tú estás ungiendo el terreno, tú estás sacando víboras, estás sacando culebras, estas sacando maldiciones en el mundo espiritual, con el aceite de Canela, pero tú no quieres que eso que está saliendo de ese terreno, de esa tierra, de esa casa donde tú fuiste a orar prendido en el Espíritu, no quieres que eso se te pegue a ti, porque tú estás blindado, porque tú estás haciendo Guerra Espiritual, guerra territorial y también está blindando tu cuerpo, sí porque eso es toma territorial, si lo haces así estará blindando tu cuerpo para que la maldición que pueden salir de ahí no se te peguen.

Aceite de Rompimiento de Maldiciones:

El Eucalipto para romper maldiciones, se pueden mezclar con el aceite de Romero, el Eucalipto con el aceite de Romero lo puede también ungir con todo lo que son aceites que tiene un un tópico mentólico o mentolado, tiene algo especial en lo profético, sí estoy hablando según el arte del perfumista según la visión el discernimiento, si soñó que ungía la puerta de su casa con aceite convierte el sueño en realidad.

Entonces recuerde eucalipto y Romero estas esencias son buenas para usted romper maldiciones.

Aceite para Rompimiento de Maldiciones Generacionales:

Mire usted puede hacer uso del aceite de Oliva para romper en el ADN códigos de maldiciones actívelo con el salmo 3, el aceite de Oliva que es comestible ese sí lo puede mezclar con el aceite de coco que también es comestible, esto es para sanidad.

Aceite para romper esterilidad:

Melocotón o durazno, menta y limoncillo use estos tres, estos aceites para romper esterilidad en todas las áreas ministeriales espiritual donde quiera que tenga algún problema use estos tres con activación de Isaías 60.

Todo lo que yo mencioné anteriormente son aceites que venden, tenga en cuenta revisar si es un aceite para uso corporal, culinario o una esencia aromática ya que todos son aceites, la mayoría los venden en la tienda naturista y algunos en Amazon.

También venden un alcohol que se llama alcohol etílico o alcohol perfumado y es un alcohol que suaviza el aceite, o la esencia

¿Pero para que lo suavizo Profeta?

Para que usted pueda usar un spray, o un difusor de esencias, para que no haga un embarre de aceite porque hay gente que en vez de ungir hacen es un embarre de aceite en todo lado...

Con esto último quiero dejarles dicho
que el fin del uso de cada aceite
según a mí me ha resultado como
Profeta, pero cada persona que usa
los aceites es un perfumista a
quien Dios le entregó un talento
que le ha dado un arte y Dios
siempre les va a dar algo que vaya
encaminado conforme a la
necesidad o el oficio para el
cual ustedes fueron llamados.

Bueno mis amados hermanos yo
creo que esta barca llego a puerto,
ya tienen todos los códigos, saben
cuales son todos los aceites,
tienen todas las enseñanzas para
aplicar proféticamente lo que se les
enseño, ya saben lo que significa
cada aceite, espero les sea
de gran bendición.

Att: Profeta León

Made in the USA
Columbia, SC
10 October 2024

43978341R00183